코바늘로 뜨는
봄여름가을겨울

코바늘로 뜨는 봄여름가을겨울

계절마다 가장 잘 어울리는 다채롭고 멋진 코바늘뜨기 12패턴

맨디 오설리번 지음 | 임윤경 옮김

코바늘로 뜨는 봄여름가을겨울

발행일 2021년 6월 1일 초판 1쇄 발행
지은이 맨디 오설리번
옮긴이 임윤경
발행인 강학경
발행처 시그마북스
마케팅 정제용
에디터 최윤정, 장민정, 최연정
디자인 강경희, 김문배

등록번호 제10-965호
주소 서울특별시 영등포구 양평로 22길 21 선유도코오롱디지털타워 A402호
전자우편 sigmabooks@spress.co.kr
홈페이지 http://www.sigmabooks.co.kr
전화 (02) 2062-5288~9
팩시밀리 (02) 323-4197
ISBN 979-11-91307-41-2 (13630)

12 Months of Crochet with RedAgape by Mandy O'Sullivan (RedAgape)
Copyright © Meteoor Books and Mandy O'Sullivan
Original English edition 2018 by Meteoor Books, Antwerp, Belgium
All rights reserved.
Korean translation copyright ©2021 by Sigma Books
Korean translation rights are arranged with Meteoor bvba through AMO Agency.

이 책의 한국어판 저작권은 AMO에이전시를 통해 저작권자와 독점 계약한 시그마북스에 있습니다.
저작권법에 의해 한국 내에서 보호를 받는 저작물이므로 무단 전재와 무단 복제를 금합니다.

파본은 구매하신 서점에서 교환해드립니다.

* 시그마북스는 (주)시그마프레스의 자매회사로 일반 단행본 전문 출판사입니다.

시작하는 글

제가 언제 코바늘뜨기에 열정을 갖고 푹 빠지게 되었는지 콕 집어서 말하기는 어렵습니다. 아마도 잠에서 깨자마자 실에 대해 생각하는 저 자신을 발견했을 때나, 침대 옆 탁자에 실을 몰래 감춰놓을 때, 혹은 가방에 요즘 뜨고 있는 코바늘 작품을 챙겨 다니기 시작했을 때가 아닐까요. 사실 취미가 애착으로 넘어간 정확한 순간은 중요하지 않아요. 결국 그렇게 되었다는 사실이 훨씬 중요합니다. 저는 평생 손으로 독창적인 무언가를 만드는 것에 빠져 있었지만 몇 년 전에 코바늘뜨기를 접하고 나서야 비로소 제 열정을 발견했답니다. 상상력만 뒷받침된다면 한 가닥의 실이 무한한 작품으로 이어질 수 있다는 점이 여전히 놀라워요. 저는 코바늘뜨기를 사랑해요! 그러므로 일 년 내내 하루도 빠짐없이 코바늘뜨기를 해야 해요. 제가 코바늘을 손에 들지 못하는 날은 너무나 아쉬워요. 분명 제 말뜻을 여러분들은 이해할 수 있을 거예요.

작품들을 살펴보면 한 가지 사실을 눈치챌 수 있을 거예요. 바로 제가 색을 사랑한다는 사실이죠. 어떤 작품은 계절에 어울리는 색들을 사용한 반면 다른 작품은 틀에 박힌 계절의 색들을 배제했어요. 왜냐하면 때로는 의외의 색이 주는 아름다움은 우울한 날을 밝힐 수 있기 때문입니다. 물론 제가 선택한 색은 저의 개인적인 취향이에요. 여러분이 각자 좋아하는 색을 선택한다면 독특한 작품을 만들 수 있을 거예요. 저는 색다른 컬러 조합으로 제 디자인이 만들어진 걸 보는 게 정말 좋아요. 작품에 여러분만의 개성을 더할 수 있는 멋진 방법이에요. 만약 색에 자신이 없다면 제가 준비한 색에 관한 짧은 강의를 시간을 들여 읽어보시길 바랍니다.

분명 코바늘뜨기는 언제나 재미있을 거라고 믿어 의심치 않습니다. 저의 목표는 여러분들이 얼굴에 미소를 띠고 즐거운 마음으로 코바늘뜨기를 하도록 격려하는 거예요. 어떤 계절이더라도 이 책을 넘겨보면 여러분들이 만들 수 있거나 혹은 만들어보고 싶은 작품을 찾을 수 있을 거예요. 여러분들이 단순히 영감을 받기 위해 이 아름다운 책을 그림책 보듯 훑어보며 행복을 느끼든, 아니면 일 년 내내 만들 많은 작품을 선택하든 저의 목표는 달성되었어요.

그리고 코바늘뜨기를 배우기 위해 이제 막 코바늘과 실을 집어 든 분들에게는 계속해서 연습하라고 이야기하고 싶어요. 그 과정을 믿고 삶을 신뢰하며 매일 하루에 몇 분만이라도 코바늘을 들어보세요. 어느 날 갑자기 코바늘뜨기 전체가 이해되는 순간이 올 거예요. 그러면 여러분이 계속해서 노력했다는 사실에 정말 행복할 거예요.

즐겁게 만드세요!!

사랑을 담아, 맨디

CONTENTS

- 7   시작하는 글
- 11   작업에 필요한 도구들
- 12   코바늘뜨기 기법
- 28   색에 대한 짧은 강의

봄
- 39   무지개 꽃무늬 그래니 스퀘어 쿠션
- 47   봄 리스
- 53   윙윙 꿀벌 모빌

여름
- 61   키위 팝콘 쿠션
- 67   알록달록 캔디 컬러 가랜드
- 71   육각형 별빛 댄서 블랭킷
- 79   육각형 별빛 댄서 오너먼트
- 81   크리스마스트리 육각형 쿠션

가을
- 89   가을 토트백
- 95   꽃무늬 컵 받침과 식탁 매트
- 101   스파이크뜨기로 만든 그래니 블랭킷

겨울
- 109   에코 러그
- 115   바바리안뜨기로 만든 냄비 손잡이
- 121   C2C 기법으로 뜬 하트 블랭킷

작업에 필요한 도구들

코바늘뜨기를 하는 사람이라면 누구나 올바른 기본 도구들과 재료들을 반드시 갖춰야 합니다. 누군가는 필요 이상으로 많은 것들을 모으고 있을지도 모르지만, 우리 모두에게는 각자가 선호하는 없어서는 안 될 도구들이 있을 거예요. 이 책에 나온 모든 작품을 만들 때 꼭 필요한 제가 가진 도구들을 소개하겠습니다.

1. 가방을 만들 때 필요한 가죽 스트랩.
2. 가죽 스트랩에 손쉽게 구멍을 뚫을 수 있는 가죽 펀치 도구.
3. 색상 배합을 쉽게 확인할 수 있는 보빈에 감긴 샘플 실.
4. 폼폼 메이커 - 빠르고 쉽게 폼폼(털실 방울)을 만들기 위해 사이즈별로 구비해두면 좋아요.
5. 제가 가장 좋아하는 클로버 소프트 터치 코바늘은 너무나 편해서 몇 시간이고 뜰 수 있어요!
6. 꿀벌 더듬이를 만들 모루끈, 실 가방을 묶을 때도 유용해요.
7. 나사형 단추눈은 손뜨개 인형을 만들 때 최고예요. 한 번 달면 흔들리지 않거든요.
8. 단수링은 손뜨개 인형을 만들 때 꼭 필요해요. 이렇게 예쁜 단수링이라면 사용하는 재미도 있을 거예요.
9. 원단용 초크는 손뜨개 인형과 원단이 들어간 작품에 임시로 표시할 때 유용해요.
10. 바로 실이에요! 다양한 색들을 잘 갖춰놓으면 마음이 편하답니다. 저는 면사를 가장 좋아해요.
11. 저는 가위를 특히 좋아해서 사실 필요 이상으로 많이 가지고 있답니다. 가위는 수공예에 있어서 정말 중요한 도구예요.
12. 스티로폼 링이 준비되어 있다면 계절에 어울리는 리스를 만들 때 정말 좋아요.
13. 저는 스와치 작업을 할 때, 작품 사이즈를 측정할 때 쉽게 쓸 수 있게 항상 줄자를 가까이에 둔답니다.
14. 마무리 바느질을 할 튼튼한 돗바늘.
15. 뜨개용 클립은 편직물을 연결할 때 움직이지 않게 고정하기에 아주 좋아요.
16. 귀여운 단추들은 쿠션 마무리할 때 최고예요.
17. 부분들을 합칠 때 고정하기 위한 시침핀.
18. 자수틀은 많은 수공예 작업에 유용해요. 이 책에서는 모빌로 사용했어요.
19. 손뜨개 인형을 채워줄 인형 솜.
20. 우븐 면직물은 코바늘로 쿠션을 만들 때 안감으로 쓰기 아주 좋아요.

코바늘뜨기 기법

코바늘뜨기에서 사용하는 기본적인 기법들은, 그 수는 많지 않지만 이 기법들을 다양하게 조합해 여러 질감과 패턴을 만들 수 있답니다. 이 장에서는 이 책에 나와 있는 패턴들을 뜨는 데 필요한 기법들을 설명할게요.

매듭 만들기

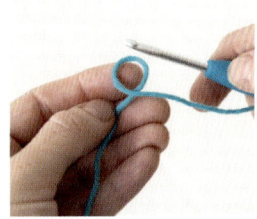 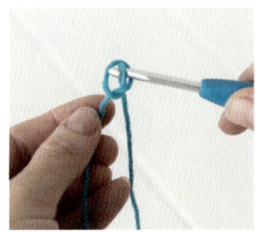 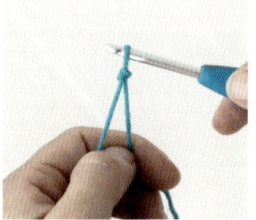

① 실 꼬리가 아래쪽으로 오도록 고리를 만듭니다.

② 고리 안으로 코바늘을 넣고 실(타래 쪽 실)을 걸어서 당겨 줍니다.

③ 실을 당겨서 조여주세요.

사슬뜨기

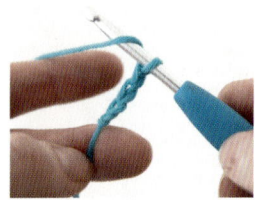 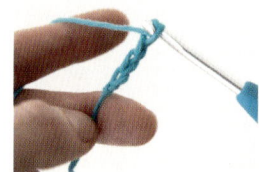 

① 코바늘에 실을 감아 걸어주세요.

② 고리를 통과시켜 사슬을 만듭니다. 완성

빼뜨기

빼뜨기의 짧은 코는 장식 스티치를 넣거나, 코들을 연결할 때, 높이를 높이지 않고 코를 건너갈 때 유용합니다.

① 코바늘을 코나 구멍에 넣어주세요.

② 실을 걸고 고리 2개를 한꺼번에 통과시켜주세요. 완성

한 코 / 뒤 반 코

코바늘에서 대부분의 코들은 아래 사진처럼 한 코를 통과해 만들어지지만, 이 책의 일부 패턴에서는 뒤 반 코에만 코바늘을 넣어 만드는 코들도 있습니다. 똑같이 뜨지만 코바늘을 넣을 때 뒤 반 코에만 넣어주는 거예요. 이렇게 뜨면 앞 반 코가 노출되어 질감에 미묘한 차이가 만들어집니다.

① 한 코   ② 뒤 반 코

짧은뜨기

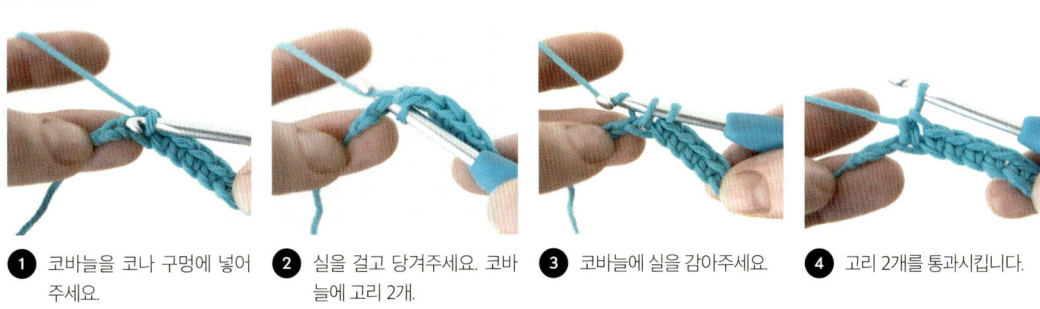

① 코바늘을 코나 구멍에 넣어주세요.
② 실을 걸고 당겨주세요. 코바늘에 고리 2개.
③ 코바늘에 실을 감아주세요.
④ 고리 2개를 통과시킵니다.

긴뜨기

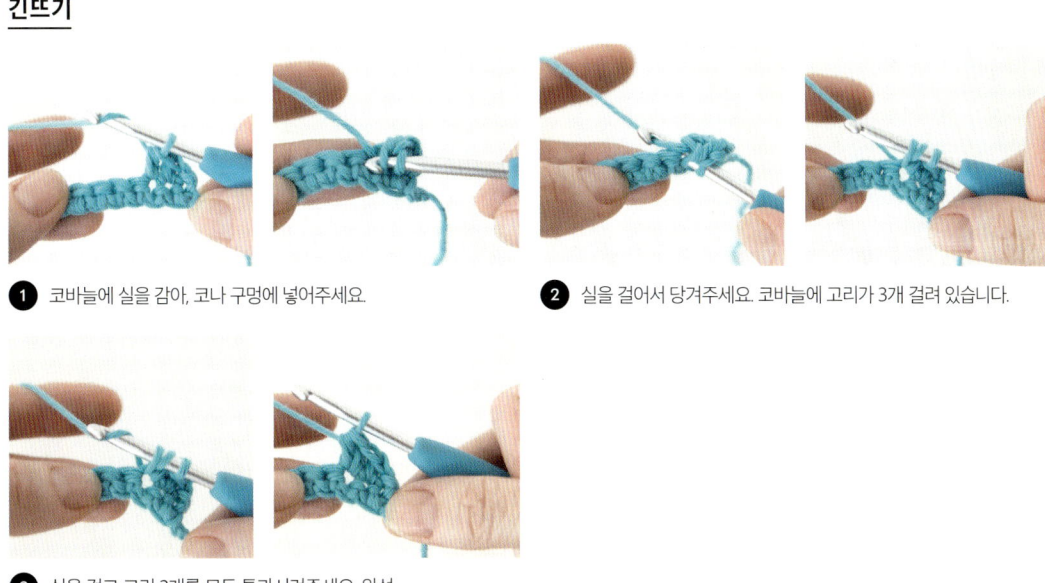

① 코바늘에 실을 감아, 코나 구멍에 넣어주세요.
② 실을 걸어서 당겨주세요. 코바늘에 고리가 3개 걸려 있습니다.
③ 실을 걸고 고리 3개를 모두 통과시켜주세요. 완성.

한길긴뜨기

① 코바늘에 실을 감아서, 코나 구멍에 넣어주세요.

② 코바늘에 실을 걸고 당겨주세요. 코바늘에는 고리 3개가 걸려 있습니다.

③ 코바늘에 실을 걸어서, 고리 2개만 통과시켜주세요. 코바늘에는 고리 2개가 걸려 있습니다.

④ 코바늘에 실을 걸어서, 남은 고리 2개를 통과시켜주세요. 완성.

두길긴뜨기

① 코바늘에 실을 두 번 감아서, 코나 구멍에 넣어주세요.

② 코바늘에 실을 걸고 당겨주세요(코바늘에는 고리 4개).

③ 코바늘에 실을 걸어서, 고리 2개만 통과시켜주세요(코바늘에 고리 3개).

④ 코바늘에 실을 걸어서, 고리 2개만 통과시켜주세요(코바늘에는 고리 2개).

⑤ 코바늘에 실을 걸고 나머지 고리 2개를 통과시켜주세요.

짧은뜨기 코줄이기

코줄이기는 두 코를 한꺼번에 뜨면 됩니다. 그러면 그 단에서 전체 콧수가 줄어들어요. 이 방법은 특히 손뜨개 인형을 만드는 데 유용합니다. 전통적인 방법과 티 나지 않게 줄이는 방법이 있습니다.

전통적인 코줄이기 방법

① 코바늘을 코에 넣어, 실을 걸고 당겨 고리를 만들어주세요.

② 다음 코에 코바늘을 넣고, 실을 걸어서 당겨 고리를 만들어주세요 (코바늘에는 고리 3개).

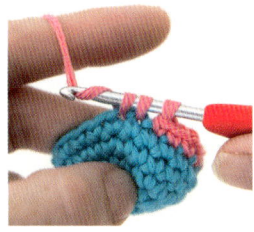 

③ 코바늘에 실을 걸어서, 고리 3개를 모두 통과시켜주세요.

티 나지 않게 코줄이기 방법

 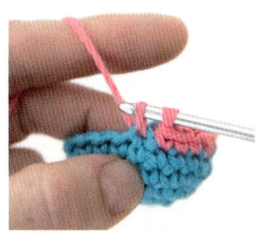  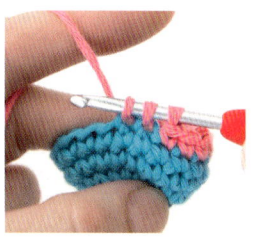

① 코의 앞 반 코에 코바늘을 넣은 다음, 실을 걸고 당겨 고리를 만들어주세요.

② 다음 코의 앞 반 코에 코바늘을 넣어, 실을 걸고 당겨 고리를 만들어주세요(코바늘에는 고리 3개).

 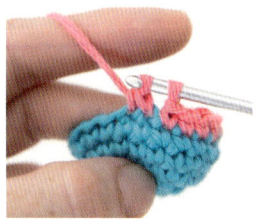 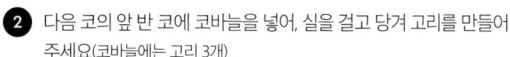 

③ 코바늘에 실을 걸어, 앞에 있는 고리 2개를 통과시켜주세요.

④ 코바늘에 실을 걸어, 나머지 고리 2개를 통과시켜주세요.

매직링

원형뜨기를 할 때 매직링으로 시작하는 패턴들이 있어요. 매직링은 바짝 당길 수 있어서 원 중앙에 구멍을 남기지 않는답니다. 매직링을 만드는 방법에는 여러 가지가 있지만, 제가 가장 쉬운 방법을 찾았답니다.

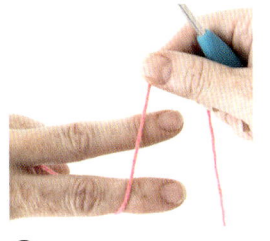
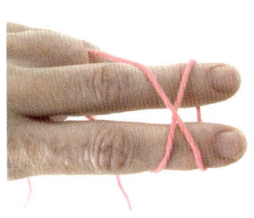
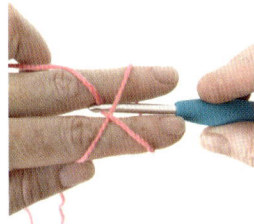
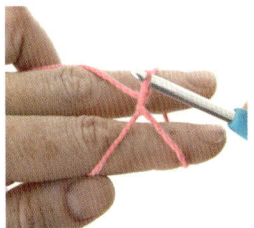

❶ 실 꼬리를 왼손에 둔 상태에서, 실로 두 손가락 위에 X표를 만들어 주세요.

❷ 코바늘을 X표 윗부분의 오른쪽 실 아래와 왼쪽 실 위로 넣어준 다음, 실을 걸고 당겨주세요.

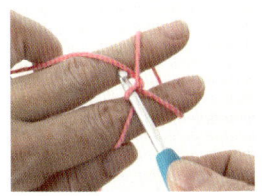
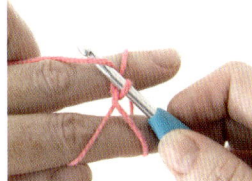
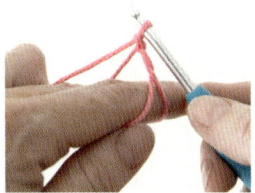
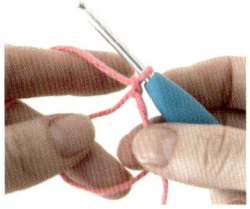

❸ 코바늘을 다시 윗부분 왼쪽 아래로 넣고, 실을 당겨 고리를 통과시켜주세요.

❹ 손가락을 빼고 실 꼬리를 당겨 조여주세요.

사슬코 원형뜨기

원형뜨기를 하는 일부 패턴들은 사슬코 원형뜨기로 시작합니다.

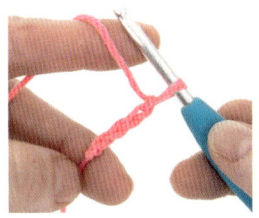

❶ 패턴에 나와 있는 수만큼 사슬코를 만들어주세요(여기에서는 4코).

❷ 첫 번째 사슬코에 코바늘을 넣어주세요.

❸ 실을 걸어주세요.

❹ 실을 당기고 빼뜨기로 이어주세요.

돗바늘로 연결하기

코들을 잇는 이 기법은 연결 부분이 두드러지지 않고 깔끔하게 연결됩니다.

❶ 마지막 코를 완성한 다음, 실을 자르고 실 꼬리를 돗바늘에 꿰어주세요.

❷ 돗바늘을 원의 첫 번째 코 아래로 넣어주세요.

❸ 돗바늘을 마지막 코의 'V' 모양 사이로 넣고 살살 당겨 조여주세요. 실을 정리합니다.

❹ 이 방법은 첫 번째 코와 마지막 코 사이를 깔끔하게 이어줍니다.

스파이크 한길긴뜨기

❶ 코바늘에 실을 걸어서, 두 단 아래 같은 자리의 코에 코바늘을 넣어주세요.

❷ 실을 걸고 당긴 다음, 좀 전의 한길긴뜨기와 높이를 맞추기 위해 실을 조금 더 길게 해주세요.

❸ 남은 코들을 원래의 한길긴뜨기 방법대로 뜨면 됩니다. 실을 걸어서, 고리 2개만 통과시켜주세요.

❹ 실을 걸어서, 남은 고리 2개를 통과시켜주세요.

한길긴뜨기 2코 구슬뜨기

❶ 코바늘에 실을 걸어서, 코나 구멍에 넣고 실을 걸어 당겨주세요(코바늘에는 고리 3개).

❷ 실을 걸고 고리 2개만 통과시켜주세요.

❸ 코바늘에 실을 걸고 같은 코나 구멍에 넣어준 다음, 실을 걸고 당겨주세요(코바늘에는 고리 4개).

❹ 실을 걸고 고리 2개만 통과시켜주세요(코바늘에는 고리 3개).

❺ 실을 걸고 고리 3개 모두 통과시켜주세요.

콧수가 늘어난 구슬뜨기는 다음과 같이 만들 수 있습니다.

한길긴뜨기 3코 구슬뜨기

1. 코바늘에 실을 걸고 코나 구멍에 넣은 다음, 실을 걸고 당겨주세요.
2. 실을 걸고 고리 2개만 통과시켜주세요.
3. 실을 걸고 같은 코나 구멍에 코바늘을 넣어준 다음, 실을 걸고 당겨주세요.
4. 실을 걸고 고리 2개만 통과시켜주세요.
5. 실을 걸고 같은 코나 구멍에 코바늘을 넣어주고, 실을 걸고 당겨주세요(고리 5개). 실을 감고 고리 2개만 통과시켜주세요(고리 4개).
6. 실을 감고 고리 4개를 모두 통과시켜주세요.

한길긴뜨기 4코 구슬뜨기

1. 코바늘에 실을 걸고 코나 구멍에 넣은 다음, 실을 걸고 당겨주세요.
2. 실을 걸고 고리 2개만 통과시켜주세요.
3. 실을 걸고 같은 코나 구멍에 코바늘을 넣어준 다음, 실을 걸고 당겨주세요.
4. 실을 걸고 고리 2개만 통과시켜주세요.
5. 실을 걸고 같은 코나 구멍에 코바늘을 넣어주고, 실을 걸고 당겨주세요(고리 5개). 실을 감고 고리 2개만 통과시켜주세요(고리 4개).
6. 실을 걸고 같은 코나 구멍에 코바늘을 넣어주고, 실을 걸고 당겨주세요(고리 6개). 실을 걸고 고리 2개만 통과시켜주세요(고리 5개).
7. 실을 걸고 고리 5개를 모두 통과시켜주세요.

두길긴뜨기 4코 구슬뜨기

1. 코바늘에 실을 두 번 감아서 코에 넣어준 다음, 실을 걸고 당겨 주세요.
2. 실을 걸고 고리 2개만 통과시켜주세요.
3. 실을 걸고 고리 2개만 통과시켜주세요(코바늘에 고리 2개).
4. 1~3번 과정을 3번 반복합니다(코바늘에 고리 5개).
5. 실을 걸고 코바늘에 걸린 고리 5개를 모두 통과시켜주세요.

팝콘뜨기 시작코 (예시: 한길긴뜨기 4코 팝콘뜨기)

❶ 사슬뜨기로 3코 떠주세요(한길긴뜨기로 칩니다).

❷ 같은 코에 한길긴뜨기를 3번 뜨고, 마지막 한길긴뜨기에서 실을 당긴 후 코바늘을 빼주세요.

❸ 코바늘을 세 번째 사슬코의 상단에 넣은 다음, 아까 코바늘에서 뺀 고리를 다시 걸어주세요.

❹ 이 고리를 당겨 세 번째 사슬코에 통과시켜주면 팝콘뜨기 시작코가 완성되었습니다.

팝콘뜨기 (예시: 한길긴뜨기 5코 팝콘뜨기)

❶ 같은 코나 구멍에 필요한 수만큼(여기에서는 다섯)의 한길긴뜨기를 뜬 다음, 고리를 늘려준 후 코바늘을 빼주세요.

❷ 첫 번째 한길긴뜨기의 코 아래에 코바늘을 넣어주세요.

❸ 고리를 다시 코바늘에 걸어주세요.

❹ 고리를 통과시키고, 코가 '볼록'해지도록 조여주세요.

앞걸어 한길긴뜨기

① 코바늘에 실을 감은 다음, 코바늘을 앞에서 뒤로, 다시 앞으로 넣어주세요.

② 실을 걸고 당겨주세요.

③ 원래의 한길긴뜨기 방법으로 떠주세요: 실을 걸고 고리 2개만 통과시킨 다음, 실을 걸어 나머지 고리 2개를 통과시켜주세요.

④ 앞걸어 한길긴뜨기를 한 단에는 앞쪽으로 도드라진 질감이 생긴답니다.

앞걸어 두길긴뜨기

   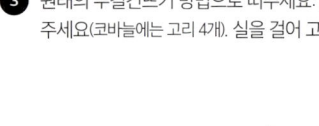

① 코바늘에 실을 두 번 감아주세요.

② 코나 구멍에 코바늘을 앞에서 뒤로, 다시 앞으로 넣어주세요.

③ 원래의 두길긴뜨기 방법으로 떠주세요: 코바늘에 실을 걸어서 당겨주세요(코바늘에는 고리 4개). 실을 걸어 고리 2개만 통과시켜주세요.

④ 실을 걸어 고리 2개만 통과시켜주세요.

⑤ 실을 걸어 나머지 고리 2개를 통과시켜주세요.

뒤걸어 한길긴뜨기

❶ 코바늘에 실을 감은 다음, 코바늘을 뒤에서 앞으로, 다시 뒤로 넣어주세요.

❷ 실을 걸고 당겨주세요.

❸ 원래의 한길긴뜨기 방법으로 떠주세요: 실을 걸고 고리 2개만 통과시켜주세요.

❹ 실을 걸고 나머지 고리 2개를 통과시켜주세요.

❺ 뒤걸어 한길긴뜨기를 뜬 단에는 뒤쪽으로 도드라진 질감이 생겨요.

뒤걸어 두길긴뜨기

 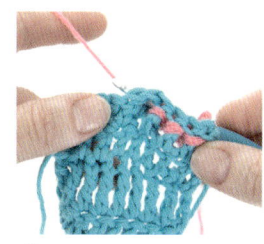 

❶ 코바늘에 실을 두 번 감아주세요.

❷ 코나 구멍에 코바늘을 뒤에서 앞으로, 다시 뒤로 넣어주세요.

❸ 원래의 두길긴뜨기 방법으로 떠주세요: 코바늘에 실을 걸어서 당겨주세요(코바늘에 고리 4개). 실을 걸어 고리 2개만 통과시켜주세요.

❹ 실을 걸어 고리 2개만 통과시켜주세요.

❺ 실을 걸어 나머지 고리 2개를 통과시켜주세요.

뒤걸어 두길긴뜨기 4코 모아뜨기

❶ 코바늘에 실을 두 번 감은 후, 다음 코의 기둥 밑으로 코바늘을 뒤에서 앞으로, 다시 뒤로 넣어주세요.

❷ 실을 걸고 당겨서 고리를 만들어주세요.

❸ 실을 걸어 고리 2개만 통과시키고, 다시 실을 걸어 고리 2개만 통과시켜주세요.

❹ 코바늘에 실을 두 번 감은 후, 다음 코의 기둥 밑으로 코바늘을 뒤에서 앞으로, 다시 뒤로 넣어주세요.

❺ 실을 걸고 당겨서 고리를 만들어주세요.

❻ 실을 걸어 고리 2개만 통과시키고, 다시 실을 걸어 고리 2개만 통과시켜주세요(코바늘에 고리 3개).

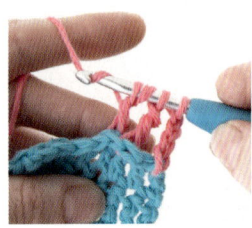

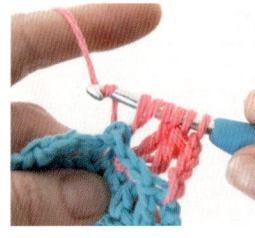
❼ 코바늘에 실을 두 번 감은 후, 다음 코의 기둥 밑으로 코바늘을 뒤에서 앞으로, 다시 뒤로 넣어주세요.

❽ 실을 걸고 당겨서 고리를 만들어주세요.

❾ 실을 걸어 고리 2개만 통과시키고, 다시 실을 걸어 고리 2개만 통과시켜주세요(코바늘에 고리 4개).

❿ 코바늘에 실을 두 번 감은 후, 다음 코의 기둥 밑으로 코바늘을 뒤에서 앞으로, 다시 뒤로 넣어주세요. 실을 걸고 당겨서 고리를 만들어주세요.

⓫ 실을 걸어 고리 2개만 통과시키고, 다시 실을 걸어 고리 2개만 통과시켜주세요(코바늘에 고리 5개).

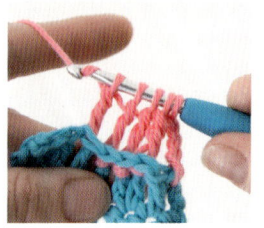 

뒤걸어 두길긴뜨기 8코 모아뜨기

뒤걸어 두길긴뜨기 8코 모아뜨기 방법은 뒤걸어 두길긴뜨기 4코 모아뜨기 방법과 비슷합니다. 다음의 순서를 따라주세요:

1. 코바늘에 실을 두 번 감은 후, 떠야 하는 코의 기둥 아래로 바늘을 뒤에서 앞으로, 다시 뒤로 넣어주세요.
2. 실을 걸고 당겨 고리를 만들어줍니다.
3. 실을 걸어 고리 2개만 통과시키고, 다시 실을 걸어 고리 2개만 통과시킵니다.
4. 1-3 과정을 7번 더 반복합니다(코바늘에는 고리 9개).
5. 실을 걸고 코바늘에 걸려 있는 고리 9개를 모두 통과시켜주세요.

⑫ 실을 걸고 코바늘에 걸린 고리 5개 모두를 통과시켜주세요.

색 바꾸기

저는 작업하는 작품에 따라 색 바꾸기 기법을 두 가지 사용합니다. 이 책에서 가장 자주 사용하는 색 바꾸기 방법은 이전 코를 완성한 후 새로운 색을 연결하는 거예요.

① 원래대로 코를 완성하고, 새로운 색의 실을 걸어 코바늘에 걸린 고리에 통과시켜주세요.

② 이전 색 실은 새로운 색의 실을 고정할 만큼 단단히 당겨준 다음 정리해주세요.

③ 패턴대로 계속 떠 나가면 됩니다.

또 다른 색 바꾸기 방법은 이전 코의 마지막 단계에서 색을 바꾸는 거예요. 여기에서는 한길긴뜨기를 예로 들었어요.

① 원래대로 코를 시작합니다. 바늘에 실을 걸고 코나 구멍에 넣어주세요.

② 실을 걸고 당겨 고리를 만든 후, 실을 걸어 고리 2개만 통과시켜주세요.

③ 새로운 색 실을 바늘에 걸고 고리 2개를 통과시켜주세요.

장식 스티치를 넣는 방법과 모티브를 잇는 방법들은 육각형 별빛 댄서 블랭킷(71페이지), 바바리안뜨기로 만든 냄비 손잡이(115페이지), 무지개 꽃무늬 그래니 스퀘어 쿠션(39페이지)의 패턴 설명 부분에서 각각 찾아볼 수 있습니다.

난이도

초급(*) / 중급(**) / 상급(***)

모든 패턴에서는 난이도가 표시되어 있습니다. 만약 코바늘뜨기가 처음이라면 초급 패턴부터 시작한 다음, 중급, 상급으로 올라가세요.

패턴 구조

패턴의 설명 부분에서 모든 줄의 시작에는 원형뜨기의 경우 '원형+숫자+단'으로 표기되어 있습니다. 단뜨기의 경우 '숫자+단'으로 표기합니다.

패턴의 모든 줄의 마지막에는 그 단에서 나와야 하는 콧수가, 예를 들면 [9]처럼, 대괄호 안에 숫자로 표기되어 있습니다. 잘못 뜨고 있다고 생각되는 경우 잠시 멈추고 콧수를 확인해주세요.

단에서 반복되는 부분의 설명은 괄호 안에 기재하고 반복되어야 하는 횟수를 옆에 써두었습니다. 더불어 형광펜으로 강조해 헷갈리지 않도록 했습니다. 패턴 설명의 길이를 줄이고 덜 복잡하게 만들기 위함이에요.

도안

일부 패턴에는 어려운 부분을 시각적으로 설명하기 위해 도안을 추가했습니다. 도안을 보조로 사용할 수도 있고 글로 쓴 설명만을 사용해도 됩니다. 도안에서 각 코는 기호로 표시되어 있습니다. 도안은 반시계 방향으로 읽어주세요.

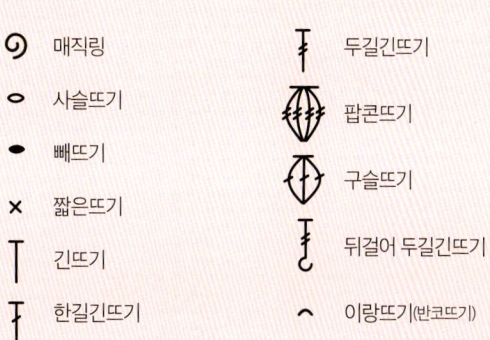

- 매직링
- 사슬뜨기
- 빼뜨기
- 짧은뜨기
- 긴뜨기
- 한길긴뜨기
- 두길긴뜨기
- 팝콘뜨기
- 구슬뜨기
- 뒤걸어 두길긴뜨기
- 이랑뜨기(반코뜨기)

색에 대한 짧은 강의

저는 일 년 내내 하루도 빠짐없이 색을 너무나도 사랑해요. 언제나 색으로 새로운 작업에 재미를 더하고, 모든 색이 서로 어우러져 '노래'할 수 있도록 아주 긴 시간을 들여 다양한 톤, 음영, 색조의 색들을 신중하게 고른답니다. 색들은 우리에게 개인적으로 말을 걸죠. 우리는 모두 각자 좋아하는 색과 색의 조합이 있어요. 그러니 제가 좋아하는 색이 여러분이 좋아하는 색은 아닐지도 몰라요. 다양한 개인적인 취향에 앞서 여러분이 작업하기 위해 색을 선택할 때 도움이 될 만한 정말 쉬운 팁을 준비했습니다. 이건 규칙이라기보다는 여러분이 색을 고르는 데 자신이 없을 때 참고할 수 있는 일반적인 가이드라고 할 수 있어요. 실 색상에 관한 선택지는 너무 많아서 결정하기가 쉽지 않아요. 우리는 안전한 색을 선택할 수도, 혹은 자신만의 독특한 조합을 만들 수도 있죠. 선택은 바로 여러분의 몫입니다!

색상환

여러분도 아마 색상환에 대해 들어본 적이 있을 겁니다. 그런데 색상환이 아름다운 색채 조합을 만드는 데 어떻게 도움이 될까요? 사실 색채 관계는 정말이지 간단합니다! 맞은편 페이지에 제가 준비한 작고 예쁜 색상환을 봐주세요. 저는 12가지 색상(색)을 포함시키고, 따뜻한 색상들은 왼편에, 좀 더 차가운 색상들은 오른편에 두었습니다. 색채 관계를 명확하게 설명하기 위해 최대한 간단하게 만들었기 때문에 본래의 색상들에서 나올 수 있는 거의 무한한 수의 다양한 색들은 포함되지 않아요. 각각의 색에 첨가하는 흰색의 양을 달리해 색을 더 밝게 만든다고 상상해보세요. 이를 농담법(tinting)이라고 합니다. 이번에는 검은색의 양을 서로 다르게 첨가해 더 어둡게 만드는 걸 상상해보세요. 이건 음영법(shading)이라고 합니다. 또한 기존 색에 회색을 섞어서 좀 더 차분한 톤으로 바꿀 수도 있으며, 모든 색은 조합과 양을 달리해 다른 색과 섞을 수도 있어요. 선택지는 무궁무진해요! 정말이지 색은 놀랍지 않나요? 다음은 제가 해본 몇 가지 색채 관계들입니다. 원한다면 중성색뿐만 아니라 다양한 방법으로 회색, 흰색, 검은색을 더 할 수 있음을 잊지 마세요.

보색

강한 대비가 느껴지는 색채로 조합하려면 색상환에서 서로 마주 보고 있는 색들을 골라주세요 - 예를 들면 빨간색/초록색, 여기에 옅은 색조를 더하면 (흰색 첨가) 분홍색/연두색.

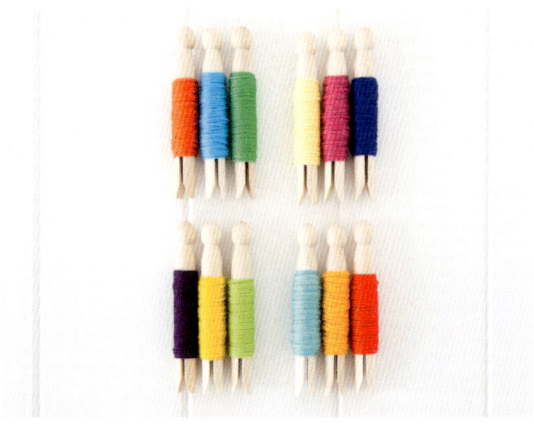

분할보색

분할보색은 일반적으로 세 가지 색을 포함합니다. 한 색과 그 보색의 양옆에 있는 두 가지 색들을 골라주세요 - 예를 들면 보라색, 진노란색, 연두색. 이 색들은 대비되는 색채 조합이지만 본래의 보색 조합만큼 강하게 대비되지는 않아요.

색깔의 양

여러분이 선택하는 색깔의 수와 색마다 사용된 양이 색상 선택만큼이나 중요할 때가 많습니다. 자신이 없다면 너무 많은 색을 고르지 마세요. 확신이 서지 않는다면 단순한 편이 좋아요! 저는 보통 세 개나 다섯 개 색을 조합하고 여기에 흰색을 더하는 것을 선호한답니다. 선호에 따라 베이지색이나 회색과 같은 다른 중성색을 더해도 괜찮습니다. 저는 색을 다섯 개 이상 사용하는 경우 작품이 너무 복잡하게 보이지 않도록 중성색을 많이 사용하는 편이에요.

전통적인 그래니 스퀘어를 살펴보면 작품에서 선택할 수 있는 색의 개수와 사용되는 양에 대해 많이 배울 수 있습니다. 전통적인 그래니 스퀘어는 서로 다른 세 가지 색으로 구획을 나누고, 각 구획에서 사용되는 색의 양을 늘려나갑니다. 중심색은 적은 양만을, 다음 구획에서는 두 번째 색을 좀 더 많이, 세 번째 구획에서는 나머지 색을 더욱더 많이 사용합니다.

일부 아주 강한 색상들을 배합할 때는 다른 색들을 죽이지 않도록 곳곳에 조금만 사용해야 합니다. 이를 꼭 염두에 두고 어떤 색을 가장 많이 사용할지를 결정하세요. 저는 균형을 위해 중심색 하나, 보조색 둘, 그리고 중성색 하나, 이렇게 네 가지 색상 조합으로 고르는 편이에요. 네 가지 색이 충분하지 않을 경우에는 세 가지 주요 색상들에 흰색이나 검은색을 더한답니다.

계획하고 시험하기

조금만 계획을 세우면 시간을 많이 절약하고 고민을 줄일 수 있습니다. 가지고 있는 실의 색을 기록해두세요. 그러면 다음 작품을 계획할 때 도움이 될 거예요. 저는 대부분의 실을 보빈에 감아 브랜드와 색을 적어둡니다. 하지만 손쉽게 노트에 실을 조금 잘라 붙이고 기록해두어도 좋아요. 이렇게 해두면 색상 조합을 선택하기가 훨씬 쉬워집니다. 저는 색상을 선택할 때 100퍼센트 확신이 들지 않으면 그 색들이 조화를 이루는지 보기 위해 작은 버전이나 스와치를 만들어본답니다.

색상 순서

간혹 색상을 배치하는 순서가 조화에 영향을 줄 수 있습니다. 극심한 대비는 작품을 보기 불편하게 만들지만 그렇다고 해서 여러분들이 작품을 만들 때 '모든' 색을 사용해서는 안 된다는 뜻은 아니에요. 많은 사람이 무지개를 정말 좋아하죠. 그렇다면 작품 하나에서 여러 가지 색이 모두 조화를 이루게 만드는 가장 좋은 방법은 무엇일까요? 저는 작업에 필요한 색의 수가 많다면 작품 내에서 서로 연관 있는 색들을 나란히 두는 걸 좋아해요. 예를 들면 무지개 꽃무늬 그래니 스퀘어 쿠션(39페이지)의 뒷면 줄무늬처럼요. 마치 여러분이 색상환을 따라서, 혹은 무지개를 가로질러 산책하는 것 같을 거예요. 육각형 별빛 댄서 블랭킷(71페이지)에서도 아주 많은 색 조합을 볼 수 있습니다. 저는

단색

한 가지 주요 색상을 고르고, 예를 들면 빨간색을 고르고, 그 색에 흰색과 검은색을 더한 색들을 골라주세요. 이러한 색상 관계는 선택할 수 있는 범위에서 몇 개의 색들만 고른다면 진빨강, 분홍, 황백색과 같이 강한 대비를 나타낼 수도 있고, 흰색과 검은색을 점차적으로 더한 색들을 선택해 조화를 이룰 수도 있습니다.

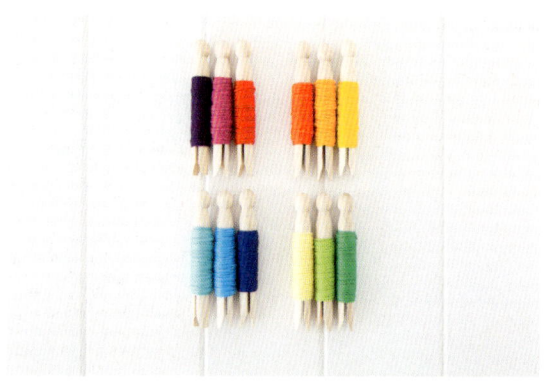

근접색

색상환에서 서로 가까이에 있는 색들을 둘에서 다섯 개 선택해주세요 - 예를 들면 파랑, 진파랑, 초록, 연두, 노랑. 근접색 조합은 보기에도 편안하고 대비도 거의 없어요.

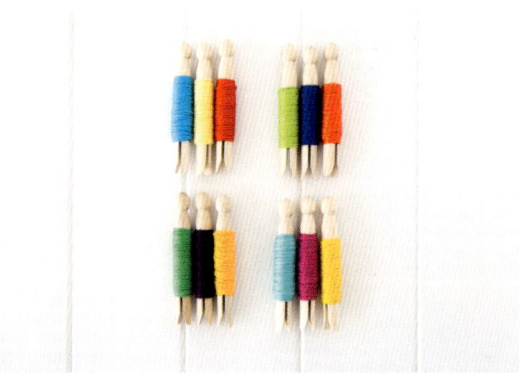

세 가지 색상

색상환에서 등거리에 있는 색 세 개를 선택합니다 - 예를 들면 파랑, 빨강, 노랑.

모든 모티브를 황백색의 중성색으로 이어주었답니다. 이 중성색은 모든 색을 연결하는 데 아주 적절해요.

중성색

흰색은 제가 선호하는 중성색이에요. 저는 작품에 따뜻한 색들(분홍, 노랑, 주황)을 많이 사용하는 편이라서, 이런 따뜻함에 밝고 쨍한 흰색으로 균형을 맞춰주길 좋아해요. 또 저는 흰색을 정말 좋아한답니다! 물론 회색, 베이지색, 검은색, 갈색과 같은 다른 중성색들을 선택할 수도 있어요. 작품에 재미를 더하거나 작품에 들어가 있는 색들을 연결하기 위해서 중성색을 사용해보세요.

색채 심리

색은 또한 우리의 감정에도 강하게 영향을 미칠 수 있어요. 특정한 색과 톤은 개인의 선호와 상관없이 우리 모두에게서 비슷한 반응을 불러일으키기도 합니다.

- **노란색**은 일반적으로 따뜻하고 행복하며 밝은 기분이 들도록 만들어줍니다.
- **주황색**은 따뜻함을 나타내며 밝고 활기가 넘칩니다.
- **초록색**은 차분한 느낌을 가져다주기도 하지만 새 생명과 자연을 떠오르게도 합니다.
- **파란색**은 시원하고 희망찬 느낌을 주며 간혹 신의를 나타내는 경우도 있습니다.
- **연보라색**은 신비롭거나 예술적인, 혹은 치유의 느낌이 나는 반면 **진보라색**은 고급스러움이나 고귀함을 나타냅니다.
- **분홍색**은 제가 제일 좋아하는 색으로, 즐겁고 다정하며 여성스러워요. 분홍색의 원색인 **빨간색**은 따뜻하고 열정적입니다.
- **회색**은 일반적으로 차분하고 조용한 느낌이지만 더 어두운 회색들은 우울하게 느껴질 수도 있습니다.
- **갈색**은 흙과 자연의 안정감이 느껴집니다.
- **흰색**은 시원하고 상쾌하며, 보통 순수하고 차분한 느낌을 줍니다.
- **검은색**은 강하고 위압적이며 불가사의한 느낌을 줍니다.

색채 심리는 실제로 존재하지만 색에 대한 개인적인 감상은 앞서 나온 일반적인 설명에 긍정적인, 혹은 부정적인 영향을 미칠 수 있습니다. 저로 예를 들자면 밤색은 제가 12년 넘게 입었던 교복 색이어서 몹시 싫어하는 반면, 분홍색은 저희 할머니가 살아계실 때 사셨던 아파트를 떠올리게 해 정말 좋아합니다. 할머니 집 커튼에는 수많은 분홍색 꽃무늬가 있었죠. 제가 갈 때마다 항상 비스킷을 주셨답니다. 이처럼 색은 정말이지 매우 개인적인 것이랍니다.

저의 여러 제안이 여러분이 뜰 작품에서 색상 조합을 고민할 때 도움이 되길 희망합니다. 혹시 망치더라도 색은 분명 여러분의 마음에 감흥을 일으킬 수 있음을 기억하세요. 항상 여러분을 미소 짓게 하는 색들을 선택하세요.

재미있는 연습

여러분이 가장 좋아하는 색들로 연습할 수 있는 몇 가지 조합을 준비했어요. 각자가 가진 실들을 이용해서 다양한 조합을 만들어보세요.

단색

한 가지 색을 선택하고, 그 색에서 옅어진/짙어진 색들을 사용합니다. 저는 빨간색의 옅어진 색들과 짙어진 색들을 선택했어요.

근접색에 중성색 더하기

근접색을 다섯 가지 선택하고 한 가지 중성색으로 재미를 더해주세요. 저는 보라색, 빨간색, 분홍색, 연분홍색, 주황색을 선택하고, 중성색으로 베이지색을 사용했습니다.

보색, 근접색, 중성색

보색을 결정하고 옅어진 색, 중성색, 약간의 근접색을 더해주세요. 저는 보색으로 분홍색과 초록색을 선택하고, 옅은 분홍색들, 초록색의 근접색인 노란색, 중성색으로 흰색을 더해주었습니다.

보색, 근접색, 두 가지 중성색

보색을 선택하고, 근접색 한 가지, 두 가지 중성색을 더해주세요. 저는 보색으로 파란색과 주황색을, 주황색의 근접색으로 노란색을, 중성색으로 베이지색과 흰색을 선택했습니다.

모든 색을 사용한
무지개 꽃무늬 쿠션

여러분이 좋아하는 무지개색을 골라서 서로 잘 어울리게끔 순서를 정해주세요. 저는 대비 속에서도 조화를 이룰 수 있도록 근접색들을 모아두었습니다.

세 가지 색을 사용한
알록달록 캔디컬러 가랜드

색상환에서 등거리에 있는 주요색 세 개를 선택합니다. 저는 여름용 가랜드로 파란색, 분홍색, 노란색을 선택했어요.

근접색과 보색을 사용한 여름용 컵 받침

근접색 네 개와 보색을 이루는 색들을 선택합니다. 저는 분홍색과 주황색에 파란색을 더하고, 근접색으로 청록색을 선택했습니다. 이러한 색 조합에서 파란색은 주황색의 보색, 청록색은 분홍색의 보색입니다.

봄

북반구
3월 21일부터 6월 20일

남반구
9월 21일부터 12월 20일

무지개 꽃무늬 그래니 스퀘어 쿠션

봄은 일 년 중 가장 행복한 계절이에요! 탄생과 새로운 성장의 시간으로 꽃들은 활짝 피고, 벌들은 윙윙 날아다니며, 겨울의 우울함을 털어내죠. 이 무지개 꽃무늬 쿠션은 서로 다른 색으로 표현한 꽃무늬 그래니 스퀘어의 다채로운 색들이 특징이에요. 그리고 모든 색은 쿠션의 뒷면에서 줄무늬로 달콤한 조합을 이루고, 여기에 달달한 꽃 모양 단추를 더했답니다.

준비해주세요

병태사 / 10ply 면사

(Paintbox Cotton Aran 50g):

- 1 × 연노란색 (대퍼딜 옐로 - 622)
- 3 × 흰색 (페이퍼 화이트 - 601)
- 1 × 연분홍색 (블러시 핑크 - 654)
- 1 × 연보라색 (페일 라일락 - 646)
- 1 × 복숭아색 (피치 오렌지 - 655)
- 1 × 청록색 (마린 블루 - 634)
- 1 × 진노란색 (머스터드 옐로 - 624)
- 1 × 초록색 (스피어민트 그린 - 626)
- 1 × 진분홍색 (라즈베리 핑크 - 644)
- 1 × 분홍색 (버블껌 핑크 - 651)
- 1 × 파란색 (스카이 블루 - 639)

코바늘 사이즈 G-6 / 4.5mm

돗바늘

가위

꽃 모양 단추 3개

쿠션 솜 45×45cm 크기로, 커버의 색상은 밝거나 대비되는 색(스퀘어의 패턴이 뚫려 있어서 쿠션 솜 커버 색이 보여요.)

뜨개용 클립

폼폼 메이커(선택)

사이즈

완성된 스퀘어 사이즈 15cm

완성된 쿠션 사이즈 45cm

난이도

**

스퀘어

쿠션의 앞면을 먼저 만들어봅시다. 다음의 색상 순서대로 스퀘어 9개를 코바늘로 떠주세요.

스퀘어 1
- 실 A: 연노란색
- 실 B: 흰색
- 실 C: 연분홍색

스퀘어 2
- 실 A: 연노란색
- 실 B: 흰색
- 실 C: 연보라색

스퀘어 3
- 실 A: 연노란색
- 실 B: 흰색
- 실 C: 복숭아색

스퀘어 4
- 실 A: 연노란색
- 실 B: 흰색
- 실 C: 청록색

스퀘어 5
- 실 A: 연노란색
- 실 B: 흰색
- 실 C: 진노란색

스퀘어 6
- 실 A: 연노란색
- 실 B: 흰색
- 실 C: 초록색

스퀘어 7
- 실 A: 연노란색
- 실 B: 흰색
- 실 C: 진분홍색

스퀘어 8
- 실 A: 연노란색
- 실 B: 흰색
- 실 C: 분홍색

스퀘어 9
- 실 A: 연노란색
- 실 B: 흰색
- 실 C: 파란색

스퀘어 패턴 (9개 만들기)

원형 1단 {실 A로 시작} 매직링에 사슬뜨기 3(첫 번째 한길긴뜨기로 친다), 한길긴뜨기 1, 사슬뜨기 1, (한길긴뜨기 2, 사슬뜨기 1) 3번 반복, 맨 처음 사슬뜨기 3코 중 세 번째 사슬코에 빼뜨기 [12] 실 정리하기 (사진 1)

원형 2단 {아무 사슬코 아래 구멍에 빼뜨기로 실 B 연결} 사슬뜨기 3(첫 번째 한길긴뜨기로 친다), 같은 구멍에 한길긴뜨기 5, 사슬뜨기 1, (다음 사슬코 아래 구멍에 한길긴뜨기 6, 사슬뜨기 1) 3번 반복, 맨 처음 사슬뜨기 3코 중 세 번째 사슬코에 빼뜨기 [28] 실 정리하기 (사진 2-3)

원형 3단 {아무 사슬코 아래 구멍에 빼뜨기로 실 C 연결} 사슬뜨기 6(첫 번째 한길긴뜨기+사슬뜨기 3으로 센다), 같은 구멍에 한길긴뜨기, (3코 건너뛰기, 다음 두 코 사이에 한길긴뜨기+사슬뜨기 3+한길긴뜨기, 3코 건너뛰기, 다음 사슬코 아래 구멍에 한길긴뜨기+사슬뜨기 3+한길긴뜨기) 3번 반복, 3코 건너뛰기, 다음 두 코 사이에 한길긴뜨기+사슬뜨기 3+한길긴뜨기, 맨 처음 사슬뜨기 6 중 세 번째 사슬코에 빼뜨기 [40] (사진 4-5)

원형 4단 다음 사슬코 아래 구멍에 빼뜨기, 사슬뜨기 3(첫 번째 한길긴뜨기로 친다), 같은 구멍에 한길긴뜨기 4, 무늬 사이 구멍에 빼뜨기, (다음 사슬코 아래 구멍에 한길긴뜨기 5, 무늬 사이 구멍에 빼뜨기) 7번 반복, 맨 처음 사슬뜨기 3 중 세 번째 사슬코에 빼뜨기 [48] 실 정리하기 (사진 6-7)

원형 5단 {한길긴뜨기 5 무늬 중 세 번째 한길긴뜨기에 빼뜨기로 실 B 연결} 사슬뜨기 4, 이전 단의 빼뜨기 코에 빼뜨기, 사슬뜨기 4, (다음 한길긴뜨기 5 무늬 중 세 번째 한길긴뜨기에 빼뜨기, 사슬뜨기 4, 이전 단의 빼뜨기 코에 빼뜨기, 사슬뜨기 4) 7번 반복, 맨 처음 빼뜨기 코에 빼뜨기해 연결 [80] (사진 8-9)

원형 6단 다음 사슬코 아래 구멍에 빼뜨기+짧은뜨기 3, (다음 사슬코 아래 구멍에 짧은뜨기+긴뜨기+한길긴뜨기+두길긴뜨기+사슬뜨기 1, 다음 사슬코 아래 구멍에 두길긴뜨기+한길긴뜨기+긴뜨기+짧은뜨기, 다음 사슬코 아래 구멍 2개에 짧은뜨기 3) 3번 반복, 다음 사슬코 아래 구멍에 짧은뜨기+긴뜨기+한길긴뜨기+두길긴뜨기+사슬뜨기 1, 다음 사슬코 아래 구멍에 두길긴뜨기+한길긴뜨기+긴뜨기+짧은뜨기, 다음 사슬코 아래 구멍에 짧은뜨기 3, 이 단의 첫 번째 짧은뜨기에 빼뜨기 [60] (사진 10-11)

원형 7단 사슬뜨기 3(첫 번째 한길긴뜨기로 친다), 다음 6코에 한길긴뜨기, 모서리에 한길긴뜨기 2+사슬뜨기 3+한길긴뜨기 2, (다음 14코에 한길긴뜨기, 모서리에 한길긴뜨기 2+사슬뜨기 3+한길긴뜨기 2) 3번 반복, 다음 7코에 한길긴뜨기, 맨 처음 사슬뜨기 3의 세 번째 사슬코에 빼뜨기 [84] 실을 자르고 실 끝은 코 사이로 숨겨주세요 (사진 12-13).

스퀘어 모티브 잇기

맨 처음에 만든 스퀘어 2개를 위로 보도록 놓고, 코들이 맞닿을 수 있도록 나란히 둡니다. 먼저 매듭을 만들고, 왼쪽 스퀘어의 모서리에 있는 코의 뒤 반 코에 앞에서 뒤로 코바늘을 넣어주세요 (사진 14). 그런 다음, 오른쪽에 위치한 스퀘어의 똑같은 자리 뒤 반 코에 코바늘을 앞에서 뒤로 넣어주세요 (사진 15). 반드시 뜨고 있는 실이 계속해서 편물의 뒤쪽에 있어야 합니다 (사진 16). 코바늘에 실을 걸고, 3개의 고리를 모두 통과시켜주세요 (사진 17). 위로 올라가며 모든 코들마다 동일한 작업을 반복해주세요 (사진 18). 이러한 방법으로 모티브를 연결하는 경우 너무 당겨 뜨지 않도록 꼭 주의하세요. 이러한 방식으로 뜨면 이음선이 납작해질 거예요. 처음 스퀘어 2개를 다 연결했다면 곧바로 다음 스퀘어 2개를 놓고 계속해서 이어주세요. 세로로 모든 스퀘어를 연결한 후, 똑같은 방법으로 가로로 다시 두 줄을 이어주세요. 교차점에서 이전의 연결 부위를 지나가야 하지만 방법은 동일합니다. 모두를 이어준 다음 실을 정리하고 실 끝을 코 사이로 숨겨주세요.

쿠션 뒷면의 줄무늬 - A 부분

단뜨기로 떠주세요.

1단 {진노란색 실로 시작} 사슬뜨기 63, 코바늘로부터 네 번째 코에서 시작, 60개 사슬코 모두에 한길긴뜨기 [60] 실 정리하기

2단 {편물을 뒤집고, 연노란색 실로 교체} 사슬뜨기 1(코로 세지 않

는다), 60코 모두 짧은뜨기 [60]

3단 {편물 뒤집기} 사슬뜨기 1(코로 세지 않는다), 60코 모두 짧은뜨기 [60] 실 정리하기

4단 {편물을 뒤집고, 흰색 실로 교체} 사슬뜨기 1(코로 세지 않는다), 60코 모두 짧은뜨기 [60] 실 정리하기

5단 {편물을 뒤집고, 연분홍색 실로 교체} 사슬뜨기 3(한길긴뜨기로 친다), 다음 59코에 한길긴뜨기 [60] 실 정리하기

6단 {편물을 뒤집고, 복숭아색 실로 교체} 사슬뜨기 1(코로 세지 않는다), 60코 모두 짧은뜨기 [60]

7단 {편물 뒤집기} 사슬뜨기 1(코로 세지 않는다), 60코 모두 짧은뜨기 [60] 실 정리하기

8단 {편물을 뒤집고, 흰색 실로 교체} 사슬뜨기 1(코로 세지 않는다), 60코 모두 짧은뜨기 [60] 실 정리하기

9단 {편물을 뒤집고, 진분홍색 실로 교체} 사슬뜨기 3(한길긴뜨기로 친다), 다음 59코에 한길긴뜨기 [60] 실 정리하기

10단 {편물을 뒤집고, 분홍색 실로 교체} 사슬뜨기 1(코로 세지 않는다), 60코 모두 짧은뜨기 [60]

11단 {편물 뒤집기} 사슬뜨기 1(코로 세지 않는다), 60코 모두 짧은뜨기 [60] 실 정리하기

12단 {편물을 뒤집고, 흰색 실로 교체} 사슬뜨기 1(코로 세지 않는다), 60코 모두 짧은뜨기 [60] 실 정리하기

13단 {편물을 뒤집고, 연보라색 실로 교체} 사슬뜨기 3(한길긴뜨기로 친다), 다음 59코에 한길긴뜨기 [60] 실 정리하기

14단 {편물을 뒤집고, 파란색 실로 교체} 사슬뜨기 1(코로 세지 않는다), 60코 모두 짧은뜨기 [60]

15단 {편물 뒤집기} 사슬뜨기 1(코로 세지 않는다), 60코 모두 짧은뜨기 [60] 실 정리하기

16단 {편물을 뒤집고, 흰색 실로 교체} 사슬뜨기 1(코로 세지 않는다), 60코 모두 짧은뜨기 [60] 실 정리하기

17단 {편물을 뒤집고, 청록색 실로 교체} 사슬뜨기 3(한길긴뜨기로 친다), 다음 59코 한길긴뜨기 [60] 실 정리하기

18단 {편물을 뒤집고, 초록색 실로 교체} 사슬뜨기 1(코로 세지 않는다), 60코 모두 짧은뜨기 [60]

19단 {편물 뒤집기} 사슬뜨기 1(코로 세지 않는다), 60코 모두 짧은뜨기 [60] 실 정리하기

20단 {편물을 뒤집고, 흰색 실로 교체} 사슬뜨기 1(코로 세지 않는다). 60코 모두 짧은뜨기 [60] 실 정리하기

21단 {편물을 뒤집고, 진노란색 실로 교체} 사슬뜨기 3(한길긴뜨기로 친다), 다음 59코 한길긴뜨기 [60] 실 정리하기

22-39단 2-19단을 한 번 더 반복

40단 {편물을 뒤집고, 흰색 실로 교체} 사슬뜨기 1(코로 세지 않는다), 60코 모두 짧은뜨기 [60]

41단 {편물 뒤집기} 사슬뜨기 3(한길긴뜨기로 친다), 다음 59코 한길긴뜨기 [60]

42단 {편물 뒤집기} 사슬뜨기 4(두길긴뜨기로 친다), 다음 59코에 두길긴뜨기 [60]

43단 {편물 뒤집기} 사슬뜨기 1(코로 세지 않는다), 60코 모두 짧은뜨기 [60] 실을 정리하고 실 끝을 코 사이로 숨겨주세요.

쿠션 뒷면의 줄무늬 - B 부분

1-19단 A 부분의 1-19단을 반복해주세요.
20단 {편물을 뒤집고, 흰색 실로 교체} 60코 모두 짧은뜨기 [60]
21-22단 {편물 뒤집기} 사슬뜨기 3(한길긴뜨기로 친다), 다음 59코에 한길긴뜨기 [60]
23단 {편물 뒤집기} 60코 모두 짧은뜨기 [60] 실을 정리하고 실 끝을 코 사이로 숨겨주세요.

짧은뜨기로 쿠션의 앞면과 뒷면 잇기

쿠션 앞면의 바깥쪽이 바닥을 보게 두세요. 그런 다음, 두 부분으로 이루어진 뒷면을 바깥쪽이 위로 오게 해 앞면의 위에 놓아주세요. A 부분이 B 부분의 앞쪽 위로 겹쳐지도록 해주세요. 쿠션의 앞면과 뒷면의 크기가 서로 꼭 맞도록 뜨개용 클립으로 고정해주세요(사진 20). 연노란색 실로 쿠션 앞면의 모서리부터 시작해주세요. 양쪽 면을 함께 짧은뜨기를 3번 해주세요. 다음 모서리까지 쿠션의 윗면을 따라 고르게 짧은뜨기를 해주세요(사진 21-23). 다시 모서리에 짧은뜨기를 3번 한 다음, 쿠션의 옆면을 따라 내려가며 계속해서 단의 끝을 고르게 짧은뜨기로 떠주세요. 면을 3개 떠야 하는 부분이 있을 거예요(뒷면의 두 부분이 겹쳐지는 곳). 마찬가지로 앞면과 뒷면 2개를 짧은뜨기로 연결하면 됩니다. 마지막 모서리까지 계속해서 떠주세요. 맨 처음의 짧은뜨기 코에 빼뜨기를 해주세요. 실을 정리하고 실 끝을 코 사이로 숨겨주세요.

단추 달기

B 부분의 20단에 동일한 간격으로 단추를 3개 달아줍니다. 예를 들면 두 단추 사이에 12코가 있도록 말이에요. A 부분의 42단, 단추와 마주 보는 자리에 있는 두길긴뜨기 사이로 단추를 잠가주세요.

폼폼으로 장식하기

연노란색 실로 중간크기 폼폼 4개를 만들어 쿠션의 모서리마다 달아주세요. 폭신해 보일 수 있도록 꼭 폼폼을 부풀려주세요.

봄 리스

저는 코바늘로 만드는 꽃을 정말 좋아해요. 왜냐하면 다양하게 사용할 수 있기 때문이죠. 그중 하나가 계절용 리스를 꾸밀 장식이에요. 봄을 염두에 두고 디자인한 다섯 가지 꽃은 파릇한 초록색 리스와 대비를 이루며 아름답게 내려앉았답니다. 여기에서 선보인 레이아웃은 한 예일 뿐. 작품에 여러분들의 개인적인 손길을 더해주길 바라요. 자유롭게 여러분만의 스타일대로 꽃을 배치해보세요.

준비해주세요

합태사 / 8ply 면사

(Paintbox Cotton DK 50g):

- 1× 보라색 (티 로즈 - 443)
- 1× 진분홍색 (블러시 핑크 - 454)
- 1× 진노란색 (머스터드 옐로 - 424)
- 1× 연노란색 (대퍼딜 옐로 - 422)
- 1× 흰색 (페이퍼 화이트 - 401)
- 1× 연분홍색 (버블껌 핑크 - 451)
- 1× 복숭아색 (피치 오렌지 - 455)

태사 / 12ply 면사

(Paintbox Yarn Simply Chunky 100g):

- 1× 초록색 (스피어민트 그린 - 325)

스티로폼 링 25cm

코바늘 사이즈 E-4 / 3.5mm

돗바늘

가위

장식용 시침핀 (선택)

난이도

*

특별한 기법

팝콘뜨기 (20페이지)

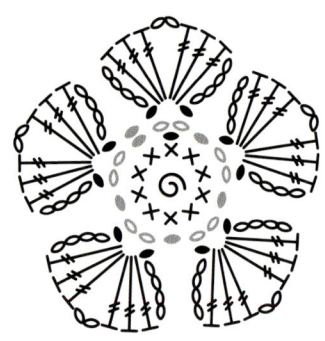

발그레한 꽃

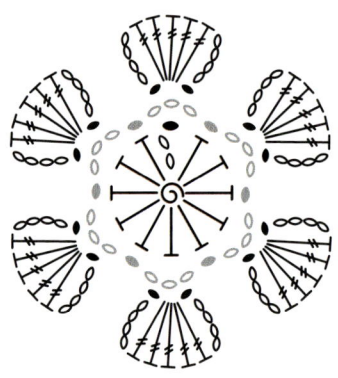

활짝 핀 꽃 - PART 1

데이지

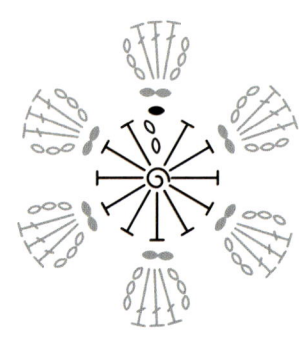

활짝 핀 꽃 - PART 2

[꽃 만들기]

발그레한 꽃 (2개 만들기) (사진 1-4)

원형 1단 {보라색 실로 시작} 매직링에 짧은뜨기 10, 맨 처음 짧은뜨기 코에 빼뜨기 [10] 실 정리하기

원형 2단 {이전 단의 아무 코에 빼뜨기로 진분홍색 실 연결} (사슬뜨기 2, 1코 건너뛰기, 다음 코에 빼뜨기) 5번 반복 [사슬뜨기 10개, 빼뜨기 5개]

원형 3단 다음 사슬코 아래 구멍에 빼뜨기, (같은 구멍에 사슬뜨기 4+두길긴뜨기 3+사슬뜨기 2+두길긴뜨기 3+사슬뜨기 4+빼뜨기, 다음 사슬코 아래 구멍에 빼뜨기) 5번 반복 [꽃잎 5개] 실을 정리하고 실 끝을 코 사이로 숨겨주세요.

데이지 (4개 만들기) (사진 5-7)

원형 1단 {연노란색 실로 시작} 매직링에 짧은뜨기 8, 맨 처음 짧은뜨기 코에 빼뜨기 [8] 실 정리하기

원형 2단 {이전 단의 아무 코에 빼뜨기로 흰색 실 연결} (사슬뜨기 7, 같은 코에 빼뜨기, 다음 코에 빼뜨기) 8번 반복 [꽃잎 8개] 실을 정리하고 실 끝을 코 사이로 숨겨주세요.

활짝 핀 꽃 (4개 만들기) (사진 8-14)

원형 1단 {진노란색 실로 시작} 매직링에 사슬뜨기 2(첫 번째 긴뜨기로 친다)+긴뜨기 11, 처음에 뜬 사슬뜨기 2코에서 두 번째 사슬코에 빼뜨기 [12] 실 정리하기

원형 2단 {이전 단의 아무 코에 빼뜨기로 연분홍색 실 연결} (사슬뜨기 3, 1코 건너뛰기, 다음 코에 빼뜨기) 6번 반복 [곡선 6개]

원형 3단 다음 사슬코 아래 구멍에 빼뜨기, (같은 구멍에 사슬뜨기 4+두길긴뜨기 5+사슬뜨기 4+빼뜨기, 다음 사슬코 아래 구멍에 빼뜨기) 6번 반복 [뒤쪽 꽃잎 6개]

원형 4단 {3단에서 만든 꽃잎들은 반드시 뒤에 두고, 1단에 남아 있는 모든 코에 뜨기} 1단의 남아 있는 코에 빼뜨기, (같은 코에 사슬뜨기 3+한길긴뜨기 3+사슬뜨기 3+빼뜨기, 1코 건너뛰기, 다음 코에 빼뜨기) 6번 반복 [앞쪽 꽃잎 6개] 실을 정리하고 실 끝을 코 사이로 숨겨주세요.

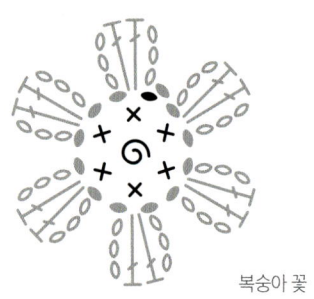

복숭아 꽃

팝콘 꽃

복숭아 꽃 (3개 만들기) (사진 15-18)

원형 1단 {복숭아색 실로 시작} 매직링에 짧은뜨기 6, 맨 처음 짧은뜨기 코에 빼뜨기 [6]

원형 2단 (같은 코에 사슬뜨기 3+한길긴뜨기 2+사슬뜨기 3+빼뜨기, 다음 코에 빼뜨기) 6번 반복 [꽃잎 6개] 실을 정리하고 실 끝을 코 사이로 숨겨주세요.

팝콘 꽃 (4개 만들기) (사진 19-24)

원형 1단 {연노란색 실로 시작} 매직링에 짧은뜨기 12, 맨 처음 짧은뜨기 코에 빼뜨기 [12]

원형 2단 사슬뜨기 3(첫 번째 한길긴뜨기로 친다), 같은 코에 한길긴뜨기 4, 이 다섯 개의 한길긴뜨기로 첫 번째 팝콘 만들기, 사슬뜨기 3, (1코 건너뛰기, 다음 코에 한길긴뜨기 5로 팝콘 만들기, 사슬뜨기 3) 5번 반복, 첫 번째 팝콘의 뒤쪽에서 빼뜨기 [꽃잎 6개] 실을 정리하고 실 끝을 코 사이로 숨겨주세요.

스티로폼 링 감아주기 (사진 25-27)

초록색의 굵은 실을 사용합니다. 실 끝을 리스의 뒤쪽에 글루건으로 붙이거나 압정으로 고정시켜주세요. 스티로폼 링을 실로 촘촘히 감아주세요. 리스의 흰 부분이 보이지 않고, 실 사이에 간격이 벌어지지 않도록 주의해주세요. 전체 리스를 다 감았다면 실을 자르고 뒤쪽에 고정해주세요.

꽃 달아주기 (사진 28-29)

실을 감아준 리스에 꽃을 다는 방법은 여러 가지가 있어요. 끝에 장식이 달린 시침핀을 이용할 수도 있고, 글루건이나 바느질로 좀 더 단단히 고정시킬 수도 있어요. 저는 장식 시침핀을 사용하는 걸 좋아합니다. 만약 꽃의 배치가 마음에 들지 않는다면 바꿀 수 있기 때문이에요. 또한 계절에 맞게 장식을 바꿀 수도 있답니다.

윙윙 꿀벌 모빌

여기에서 선보이는 통통한 몸에 짧은 날개를 단 다정한 벌들을 보면 언제나 웃음 짓게 된답니다. 달콤한 꽃들에 둘러싸인 모빌에 달려 있는 이 벌들은, 아이의 방이나 색깔이 필요한 집의 공간을 밝혀줄 것입니다. 모빌에 달아준 코바늘뜨기로 만든 꽃들은 봄 리스에서 사용했던 것과 동일한 디자인이에요. 보기만 해도 즐거운 벌들은 만들기도 쉽고, 마치 선반에 앉아 방을 내려다보고 있는 것처럼 귀엽답니다.

준비해주세요

병태사 / 10ply 면사

(Paintbox Cotton Aran 50g):
- 1× 검은색 (퓨어 블랙 - 602)
- 2× 연노란색 (대퍼딜 옐로 - 622)
- 1× 흰색 (페이퍼 화이트 - 601)
- 1× 보라색 (티 로즈 - 643)
- 1× 진노란색 (머스터드 옐로 - 624)
- 1× 분홍색 (블러시 핑크 - 654)
- 1× 복숭아색 (피치 오렌지 - 655)

코바늘 사이즈 E-4 / 3.5mm
6× 검은색 나사형 단추눈 (9mm)
6× 더듬이용 검은색 모루끈 (15cm)
자수틀 (23cm)
인조 섬유 솜
단수링
나무비즈

난이도

*

사이즈

완성된 벌 사이즈: 7.5×12.5cm
완성된 모빌 사이즈: 25.5×76cm

특별한 기법

팝콘뜨기(20페이지)

[벌 만들기] (3개 만들기)

몸통

원형 1단 {연노란색 실로 시작} 매직링에 짧은뜨기 6 [6]

원형 2단 6코 모두 짧은뜨기 2 [12]

원형 3단 (다음 코에 짧은뜨기, 다음 코에 짧은뜨기 2) 6번 반복 [18] (사진 1)

원형 4단 (다음 2코에 짧은뜨기, 다음 코에 짧은뜨기 2) 6번 반복 [24]

원형 5단 (다음 3코에 짧은뜨기, 다음 코에 짧은뜨기 2) 6번 반복 [30]

원형 6단 (다음 4코에 짧은뜨기, 다음 코에 짧은뜨기 2) 6번 반복 [36]

원형 7단 (다음 5코에 짧은뜨기, 다음 코에 짧은뜨기 2) 6번 반복 [42]

원형 8-13단   42코 모두 짧은뜨기 [42]

원형 14-16단   {검은색 실로 교체(사진 2-6)} 42코 모두 짧은뜨기 [42] (사진 7)

주의   실 색깔을 티 나지 않게 바꾸기 위해 원형 14단의 마지막 코는 아랫단을 걸어서 뜨는 스파이크뜨기로 떠주세요.(사진 8-13).

나사형 단추눈을 원형 5단과 6단 사이에 달아주세요. 눈 사이의 간격은 10코 정도입니다. 원형 10단과 11단 사이에 더듬이를 넣어주세요. 더듬이 사이의 간격은 6코 정도입니다(사진 14).

원형 17단   {노란색 실로 교체} 42코 모두 짧은뜨기 [42]

원형 18단   42코 모두 짧은뜨기 [42]

원형 19단   (짧은뜨기 코줄이기, 다음 5코에 짧은뜨기) 6번 반복 [36]

원형 20단   36코 모두 짧은뜨기 [36]

원형 21단   (짧은뜨기 코줄이기, 다음 4코에 짧은뜨기) 6번 반복 [30]

원형 22단   30코 모두 짧은뜨기 [30]

원형 23단   (짧은뜨기 코줄이기, 다음 3코에 짧은뜨기) 6번 반복 [24]

원형 24단   24코 모두 짧은뜨기 [24] 솜을 채워주세요.

원형 25단   (짧은뜨기 코줄이기, 다음 2코에 짧은뜨기) 6번 반복 [18] (사진 15)

원형 26단   (짧은뜨기 코줄이기, 다음 코에 짧은뜨기) 6번 반복 [12]

원형 27-28단   12코 모두 짧은뜨기 [12]

원형 29단   짧은뜨기 코줄이기 6번 [6] 실을 정리하고 실 끝을 코 사이로 숨겨주세요.

날개 (벌 한 마리당 2개씩 만들기)

원형 1단   {흰색 실로 시작} 매직링에 짧은뜨기 7 [7]

원형 2단   7코 모두 짧은뜨기 2 [14]

원형 3단   (다음 코에 짧은뜨기, 다음 코에 짧은뜨기 2) 7번 반복 [21]

원형 4단   (다음 2코에 짧은뜨기, 다음 코에 짧은뜨기 2) 7번 반복, 맨 처음 짧은뜨기 코에 빼뜨기 [28] 실을 자르고, 바느질을 위해 실을 남겨두세요.

날개 달기

날개의 뒷면을 서로 맞대고, 돗바늘에 흰색 실을 꿰어 감치기로 5코를 연결해주세요(사진 16). 연노란색 실로 날개를 몸통에 달아주세요(사진 17-18).

[꽃 만들기]

주의   꽃 만들기 도안과 단계별 사진은 48-51페이지를 참고하세요.

발그레한 꽃 (2개 만들기)

원형 1단   {보라색 실로 시작} 매직링에 짧은뜨기 10, 맨 처음 짧은뜨기 코에 빼뜨기 [10] 실 정리하기

원형 2단   {이전 단의 아무 코에 빼뜨기로 흰색 실 연결} (사슬뜨기 2, 1코 건너뛰기, 다음 코에 빼뜨기) 5번 반복 [사슬뜨기 10개, 빼뜨기 5개]

원형 3단   다음 사슬코 아래 구멍에 빼뜨기, (같은 구멍에 사슬뜨기

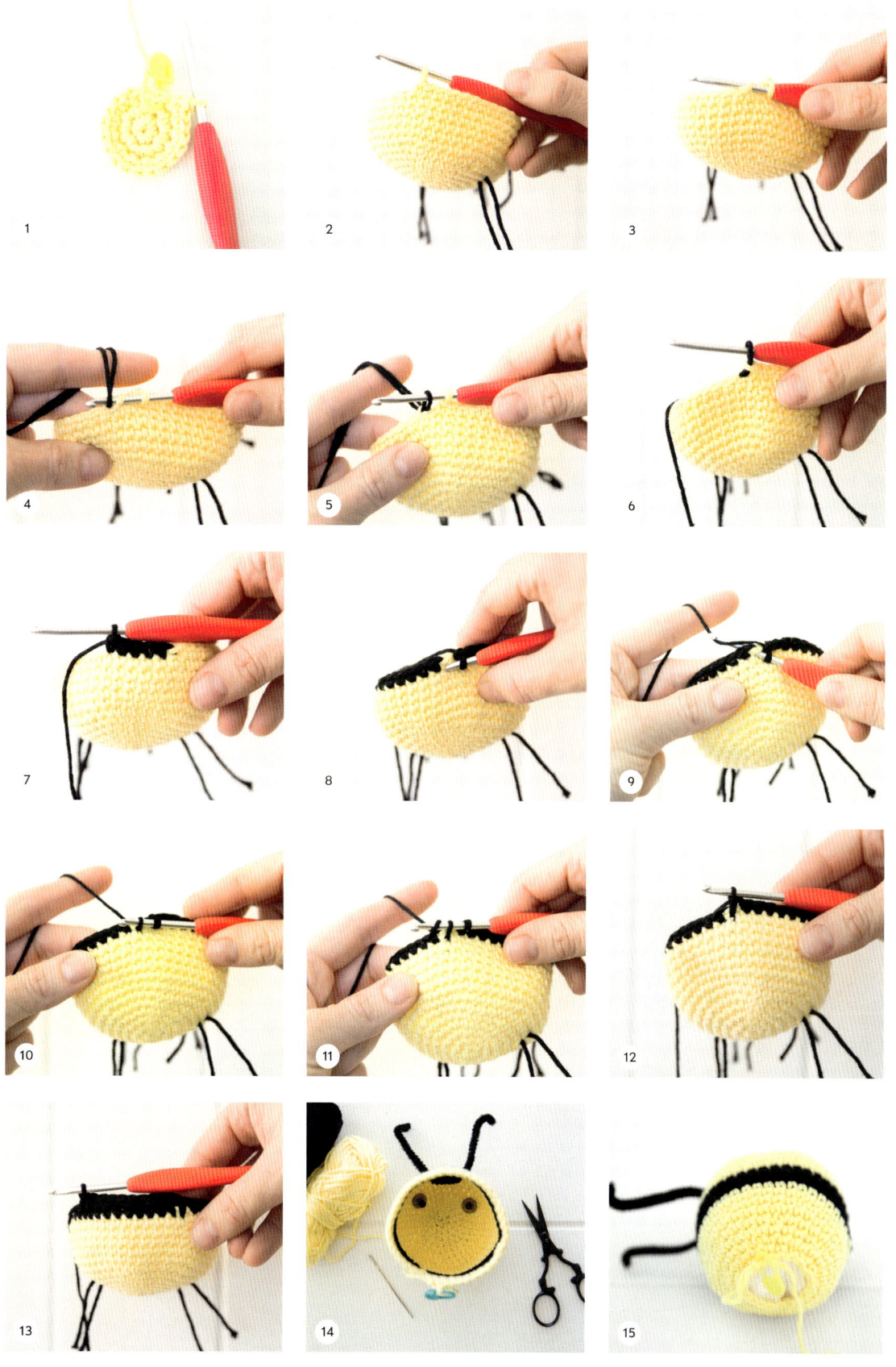

4+두길긴뜨기 3+사슬뜨기 2+두길긴뜨기 3+사슬뜨기 4+빼뜨기, 다음 사슬코 아래 구멍에 빼뜨기) 5번 반복 [꽃잎 5개] 실을 정리하고 실 끝을 코 사이로 숨겨주세요.

데이지 (4개 만들기)

원형 1단 {연노란색 실로 시작} 매직링에 짧은뜨기 8, 맨 처음 짧은뜨기 코에 빼뜨기 [8] 실 정리하기

원형 2단 {이전 단의 아무 코에 빼뜨기로 흰색 실 연결} (사슬뜨기 7, 같은 코에 빼뜨기, 다음 코에 빼뜨기) 8번 반복 [꽃잎 8개] 실을 정리하고 실 끝을 코 사이로 숨겨주세요.

활짝 핀 꽃 (4개 만들기)

원형 1단 {진노란색 실로 시작} 매직링에 사슬뜨기 2(첫 번째 긴뜨기로 친다)+긴뜨기 11, 처음에 뜬 사슬뜨기 2코에서 두 번째 사슬코에 빼뜨기 [12] 실 정리하기

원형 2단 {이전 단의 아무 코에 빼뜨기로 분홍색 실 연결} (사슬뜨기 3, 1코 건너뛰기, 다음 코에 빼뜨기) 6번 반복 [곡선 6개]

원형 3단 다음 사슬코 아래 구멍에 빼뜨기, (같은 구멍에 사슬뜨기 4+두길긴뜨기 5+사슬뜨기 4+빼뜨기, 다음 사슬코 아래 구멍에 빼뜨기) 6번 반복 [뒤쪽 꽃잎 6개]

원형 4단 {3단에서 만든 꽃잎들은 반드시 뒤에 두고, 1단에 남아 있는 모든 코에 뜨기} 1단의 남아 있는 코에 빼뜨기, (같은 코에 사슬뜨기 3+한길긴뜨기 3+사슬뜨기 3+ 빼뜨기, 1코 건너뛰기, 다음 코에 빼뜨기) 6번 반복 [앞쪽 꽃잎 6개] 실을 정리하고 실 끝을 코 사이로 숨겨주세요.

복숭아 꽃 (4개 만들기)

원형 1단 {복숭아색 실로 시작} 매직링에 짧은뜨기 6, 맨 처음 짧은뜨기 코에 빼뜨기 [6]

원형 2단 (같은 코에 사슬뜨기 3+한길긴뜨기 2+사슬뜨기 3+빼뜨기, 다음 코에 빼뜨기) 6번 반복 [꽃잎 6개] 실을 정리하고 실 끝을 코 사이로 숨겨주세요.

팝콘 꽃 (4개 만들기)

원형 1단 {연노란색 실로 시작} 매직링에 짧은뜨기 12, 맨 처음 짧은뜨기 코에 빼뜨기 [12]

원형 2단 사슬뜨기 3(첫 번째 한길긴뜨기로 친다), 같은 코에 한길긴뜨기 4, 이 다섯 개의 한길긴뜨기로 첫 번째 팝콘 만들기, 사슬뜨기 3, (1코 건너뛰기, 다음 코에 한길긴뜨기 5로 팝콘 만들기, 사슬뜨기 3) 5번 반복, 첫 번째 팝콘의 뒤쪽에서 빼뜨기 [꽃잎 6개] 실을 정리하고 실 끝을 코 사이로 숨겨주세요.

자수틀 코바늘뜨기

연노란색 실로 자수틀의 바깥쪽 링을 짧은뜨기 1단으로 감아줄 거예요. 감을 때 빈틈이 보이지 않도록 주의해주세요. 매듭을 만들고 바깥쪽 링에 빼뜨기 해주세요. 자수틀에 코바늘을 통과시킨 다음, 실을 걸고 뒤에서 앞으로 당기고(코바늘에 고리 2개), 다시 실을 걸고 2개의 고리를 모두 통과시켜 주세요. 첫 번째 짧은뜨기 코가 완성되었습니다. 빈틈이 생기지 않도록 주의하며 자수틀을 따라 계속해서 짧은뜨기를 해주세요(사진 19).

주의 자수틀의 안쪽 링도 감았을 때 완성 시 더 보기 좋다고 생각한다면 똑같은 방법으로 안쪽 링을 감아주어도 좋아요. 안쪽 링이 조금 두꺼워지겠지만 바깥쪽 링은 동일하게 고정되어 있어야 합니다.

[모빌 만들기]

모빌에 벌 달아주기

1단계 연노란색 실을 세 가닥 180cm 정도로 잘라서 돗바늘에 꿰어주세요.

2단계 실을 벌의 날개 바로 앞에 넣어주고 양 끝이 서로 만날 때까지 당겨주세요. 두 줄의 실 길이는 대략 90cm입니다(사진 20-21).

3단계 실 65cm를 자수틀 위쪽으로 남겨놓고, 벌들을 자수틀의 안쪽 링에 동일한 간격으로 묶어주세요.

모빌에 꽃 달아주기

1단계 발그레한 꽃과 활짝 핀 꽃들을 각각 2개씩 짝을 지어주세요. 밖을 보도록 서로 맞닿은 상태로 꿰매어주세요(사진 22-23).

2단계 세 가닥의 연노란색 실을 30cm 정도의 길이로 잘라서, 꿰매어 놓은 꽃들의 중앙에 걸어주세요(사진 24). 자수틀 안쪽 링의 벌들 사이에 묶어주면 됩니다.

3단계 남은 꽃들은 각자 2개씩 짝을 지어 자수틀의 바깥쪽 링에 꿰매어주세요. 링의 가장자리 바로 아래에 달릴 수 있도록 꿰매어주면 됩니다.

마무리

1단계 안쪽 링을 평평한 바닥에 두고, 벌들과 꽃들은 링의 바깥쪽, 남은 실들은 안쪽에 둡니다.

2단계 바깥쪽 링을 안쪽 링의 위쪽으로 조심스럽게 놓고 단단히 고정되도록 나사를 조여주세요.

3단계 남은 실들을 나무비즈에 통과시키고 단단히 묶어주세요(사진 25).

여름

북반구
6월 21일부터 9월 20일

남반구
12월 21일부터 3월 20일

키위 팝콘 쿠션

이번에 만들어볼 과일 모양 쿠션은 두드러지는 질감이 특징이에요! 이렇게 재미있는 쿠션의 앞면은 팝콘뜨기로 만들어줍니다. 키위의 과육과 씨에 맞춰 실의 색을 바꿔주세요. 뒷면은 키위의 껍질에 있는 솜털을 표현하기 위해 폭신한 실로 만들어볼 거예요. 그 결과, 먹을 수는 없지만 진짜 키위를 닮은 푹신한 쿠션이 되었습니다. 분명 꼭 안아주고 싶을 거예요.

준비해주세요

합태사 / 8ply 면사
(Paintbox Cotton DK 50g):
- 1 × 흰색 (페이퍼 화이트 - 401)
- 2 × 초록색 (라임 그린 - 429)
- 1 × 검은색 (퓨어 블랙 - 402)

극태사 플러피 얀
(Scheepjes Sweetheart Soft 100g):
- 1 × 갈색 (06)

코바늘 사이즈 E-4 / 3.5mm
코바늘 사이즈 G-6 / 4mm
원형 쿠션 솜 30cm 크기
가위
돗바늘
단수링
뜨개용 클립

난이도

**

사이즈

지름 약 30cm

패턴에서의 주의점

팝콘뜨기 = 팝콘뜨기 + 사슬뜨기 1코

한 코에 한길긴뜨기 4코를 만들고, 고리를 늘려준 다음 코바늘을 빼주세요. 코바늘을 첫 번째 한길긴뜨기의 코 아래에 넣고, 고리를 다시 코바늘에 걸어주세요. 이 고리를 바늘을 넣어준 첫 번째 코에 통과시키고, 한길긴뜨기 4코가 볼록해지도록 당겨주세요. 사슬뜨기 1코로 팝콘뜨기를 마무리하고 계속해서 떠주세요.

팝콘뜨기 시작코
= 사슬뜨기로 시작하는 팝콘뜨기 + 사슬뜨기 1코

사슬뜨기 3코(한길긴뜨기로 친다), 같은 코(또는 구멍)에 한길긴뜨기 3코를 뜨고 고리를 늘려준 다음, 코바늘을 빼주세요. 코바늘을 사슬뜨기 세 번째 코 상단에 넣고, 고리를 다시 코바늘에 걸어주세요. 이 고리를 코바늘을 넣은 세 번째 사슬코에 통과시켜서 첫 번째 팝콘을 완성해주세요. 사슬뜨기 1코로 팝콘뜨기를 마무리하고 계속해서 떠주세요.

플러피 얀으로 작업하기

플러피 얀은 작업하기에 조금 어려울 수 있어요. 그러니 각각의 코를 구분하지 못하더라도 당황하지 마세요. 여러분이 떠야 하는 콧수에 집중하고 단마다 정확한 수의 코를 만들도록 유의하세요. 각 단의 시작과 끝을 표시하기 위해 단수링을 사용해도 좋아요. 플러피 얀의 좋은 점은 실수가 용납된다는 거예요. 복슬복슬한 실이 모든 잘못을 감춰주기 때문입니다.

키위 쿠션 앞면

원형 1단 {코바늘 사이즈 E-4 / 3.5mm 사용, 흰색 실로 시작} 매직 링에 짧은뜨기 8, 맨 처음 짧은뜨기 코에 빼뜨기 [8] (사진 1)

원형 2단 {계속해서 흰색 실} 팝콘뜨기 시작코, 다음 7코에 팝콘뜨기, 첫 번째 팝콘의 뒤쪽에서 빼뜨기 [팝콘뜨기 8개] (사진 2)

원형 3단 다음 사슬코 아래 구멍에 빼뜨기, 같은 구멍에 팝콘뜨기 시작코+팝콘뜨기, (다음 사슬코 아래 구멍에 팝콘뜨기 2) 끝까지 반복, 첫 번째 팝콘의 뒤쪽에서 빼뜨기 [팝콘뜨기 16개] (사진 3)

원형 4단 다음 사슬코 아래 구멍에 빼뜨기, 같은 구멍에 팝콘뜨기 시작코+팝콘뜨기, 다음 사슬코 아래 구멍에 팝콘뜨기, (다음 사슬코 아래 구멍에 팝콘뜨기 2, 다음 사슬코 아래 구멍에 팝콘뜨기) 끝까지 반복, 첫 번째 팝콘의 뒤쪽에서 빼뜨기 [팝콘뜨기 24개] (사진 4)

원형 5단 다음 사슬코 아래 구멍에 빼뜨기, 같은 구멍에 팝콘뜨기 시작코, 다음 사슬코 아래 구멍에 팝콘뜨기, 다음 사슬코 아래 구멍에 팝콘뜨기 2, (다음 2개의 사슬코 아래 구멍에 팝콘뜨기, 다음 사슬코 아래 구멍에 팝콘뜨기 2) 끝까지 반복, 첫 번째 팝콘의 뒤쪽에서 빼뜨기 [팝콘뜨기 32개]

원형 6단 다음 사슬코 아래 구멍에 빼뜨기, 같은 구멍에 팝콘뜨기 시작코, 다음 사슬코 아래 구멍에 팝콘뜨기 2, 다음 2개의 사슬코 아래 구멍에 팝콘뜨기, (다음 사슬코 아래 구멍에 팝콘뜨기, 다음 사슬코 아래 구멍에 팝콘뜨기 2, 다음 2개의 사슬코 아래 구멍에 팝콘뜨기) 끝까지 반복, 첫 번째 팝콘의 뒤쪽에서 빼뜨기 [팝콘뜨기 40개] 실 정리하기 (사진 6)

주의 실 색깔을 바꿀 때마다 실을 자르지 마세요. 사용하지 않는 실은 편물의 뒤쪽에 둡니다.

원형 7단 {초록색 실로 교체} 다음 사슬코 아래 구멍에 빼뜨기, 같은 구멍에 팝콘뜨기 시작코, {검은색 실로 교체} 다음 사슬코 아래 구멍에 팝콘뜨기, {초록색 실로 교체} 다음 사슬코 아래 구멍에 팝콘뜨기 2, 다음 사슬코 아래 구멍에 팝콘뜨기, {검은색 실로 교체} 다음 사슬코 아래 구멍에 팝콘뜨기, ({초록색 실로 교체} 다음 사슬코 아래 구멍에 팝콘뜨기, {검은색 실로 교체} 다음 사슬코 아래 구멍에 팝콘뜨기, {초록색 실로 교체} 다음 사슬코 아래 구멍에 팝콘뜨기 2, 다음 사슬코 아래 구멍에 팝콘뜨기, {검은색 실로 교체} 다음 사슬코 아래 구멍에 팝콘뜨기) 끝까지 반복, 첫 번째 팝콘의 뒤쪽에서 빼뜨기 [팝콘뜨기 48개] (사진 7-8)

원형 8단 {초록색 실로 교체} 다음 사슬코 아래 구멍에 빼뜨기, 같은 구멍에 팝콘뜨기 시작코, 다음 사슬코 아래 구멍에 팝콘뜨기, {검은색 실로 교체} 다음 2개의 사슬코 아래 구멍에 팝콘뜨기, {초록색 실로 교체} 다음 사슬코 아래 구멍에 팝콘뜨기, 다음 사슬코 아래 구멍에 팝콘뜨기 2, (다음 2개의 사슬코 아래 구멍에 팝콘뜨기, {검은색 실로 교체} 다음 2개의 사슬코 아래 구멍에 팝콘뜨기, {초록색 실로 교체} 다음 사슬코 아래 구멍에 팝콘뜨기, 다음 사슬코 아래 구멍에 팝콘뜨기 2) 끝까지 반복, 첫 번째 팝콘의 뒤쪽에서 빼뜨기 [팝콘뜨기 56개] (사진 9)

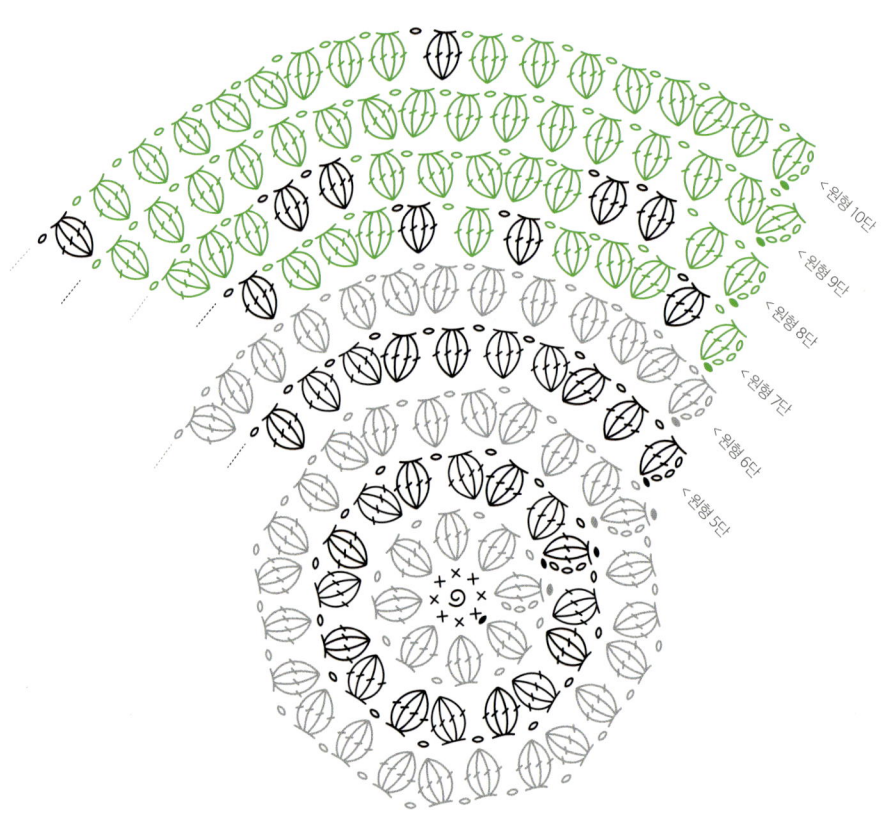

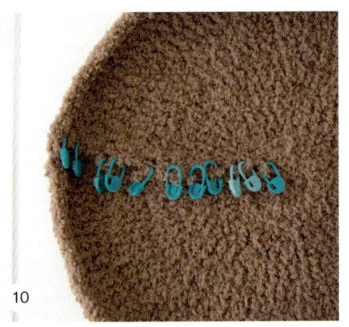

원형 9단 {초록색 실로 교체} 다음 사슬코 아래 구멍에 빼뜨기, 같은 구멍에 팝콘뜨기 시작코 + 팝콘뜨기, 다음 6개의 사슬코 아래 구멍에 팝콘뜨기, (다음 사슬코에 팝콘뜨기 2, 다음 6개의 사슬코에 팝콘뜨기) 끝까지 반복, 첫 번째 팝콘 뒤쪽에서 빼뜨기 [팝콘뜨기 64개]

원형 10단 {계속해서 초록색 실} 다음 사슬코 아래 구멍에 빼뜨기, 같은 구멍에 팝콘뜨기 시작코, 다음 사슬코 아래 구멍에 팝콘뜨기, 다음 사슬코 아래 구멍에 팝콘뜨기 2, 다음 4개의 사슬코 아래 구멍에 팝콘뜨기, {검은색 실로 교체} 다음 사슬코 아래 구멍에 팝콘뜨기, ({초록색 실로 교체} 다음 2개의 사슬코 아래 구멍에 팝콘뜨기, 다음 사슬코 아래 구멍에 팝콘뜨기 2코, 다음 4개의 사슬코 아래 구멍에 팝콘뜨기, {검은색 실로 교체} 다음 사슬코 아래 구멍에 팝콘뜨기) 끝까지 반복, 첫 번째 팝콘의 뒤쪽에서 빼뜨기 [팝콘뜨기 72개] 검은색 실을 자르고 정리해주세요.

원형 11-14단 {계속해서 초록색 실} 다음 사슬코 아래 구멍에 빼뜨기, 같은 구멍에 팝콘뜨기 시작코, 끝까지 각 사슬코 아래 구멍마다 팝콘뜨기 [팝콘뜨기 72개] 실 정리하기

원형 15단 {이전 단의 아무 사슬코 아래 구멍에 흰색 실 연결} 사슬뜨기 2(긴뜨기로 친다), 같은 구멍에 긴뜨기, 다음 71개의 사슬코 아래 구멍에 긴뜨기 2, 맨 처음 긴뜨기코에 빼뜨기 [긴뜨기 144개 또는 긴뜨기 한 쌍 72개] 실을 정리하고 실 끝을 코 사이로 숨겨주세요.

키위 쿠션 뒷면

원형 1단 {코바늘 사이즈 G-6 / 4mm 사용, 갈색 극태사 플러피 얀으로 시작} 매직링에 사슬뜨기 3(한길긴뜨기로 친다)+한길긴뜨기 11, 맨 처음 사슬뜨기 3번째 코에 빼뜨기 [12]

원형 2단 사슬뜨기 3(한길긴뜨기로 친다), 같은 코에 한길긴뜨기, 다음 11코에 한길긴뜨기 2, 맨 처음 사슬뜨기 3번째 코에 빼뜨기 [24]

원형 3단 사슬뜨기 3(한길긴뜨기로 친다), 다음 코에 한길긴뜨기 2, (다음 코에 한길긴뜨기, 다음 코에 한길긴뜨기 2) 11번 반복, 맨 처음 사슬뜨기 3번째 코에 빼뜨기 [36]

원형 4단 사슬뜨기 3(한길긴뜨기로 친다), 다음 2코에 한길긴뜨기, 다음 코에 한길긴뜨기 2, (다음 2코에 한길긴뜨기, 다음 코에 한길긴뜨기 2) 11번 반복, 맨 처음 사슬뜨기 3번째 코에 빼뜨기 [48]

원형 5단 사슬뜨기 3(한길긴뜨기로 친다), 다음 3코에 한길긴뜨기, (다음 코에 한길긴뜨기 2, 다음 3코에 한길긴뜨기) 11번 반복, 맨 처음 사슬뜨기 3번째 코에 빼뜨기 [60]

원형 6단 사슬뜨기 3(한길긴뜨기로 친다), 다음 코에 한길긴뜨기, 다음 코에 한길긴뜨기 2, 다음 2코에 한길긴뜨기, (다음 2코에 한길긴뜨기, 다음 코에 한길긴뜨기 2, 다음 2코에 한길긴뜨기) 11번 반복, 맨 처음 사슬뜨기 3번째 코에 빼뜨기 [72]

원형 7단 사슬뜨기 3(한길긴뜨기로 친다), 다음 4코에 한길긴뜨기, 다음 코에 한길긴뜨기 2, (다음 5코에 한길긴뜨기, 다음 코에 한길긴뜨기 2) 11번 반복, 맨 처음 사슬뜨기 3번째 코에 빼뜨기 [84]

원형 8단 사슬뜨기 3(한길긴뜨기로 친다), 다음 3코에 한길긴뜨기, 다음 코에 한길긴뜨기 2, 다음 2코에 한길긴뜨기, (다음 4코에 한길긴뜨기, 다음 코에 한길긴뜨기 2, 다음 2코에 한길긴뜨기) 11번 반복, 맨 처음 사슬뜨기 3번째 코에 빼뜨기 [96]

원형 9단 사슬뜨기 3(한길긴뜨기로 친다), 다음 6코에 한길긴뜨기, (다음 코에 한길긴뜨기, 다음 코에 한길긴뜨기 2, 다음 6코에 한길긴뜨기) 11번 반복, 맨 처음 사슬뜨기 3번째 코에 빼뜨기 [108]

원형 10단 사슬뜨기 3(한길긴뜨기로 친다), 다음 4코에 한길긴뜨기, 다음 코에 한길긴뜨기 2, 다음 3코에 한길긴뜨기, (다음 5코에 한길긴뜨기, 다음 코에 한길긴뜨기 2, 다음 3코에 한길긴뜨기) 11번 반복, 맨 처음 사슬뜨기 3번째 코에 빼뜨기 [120]

원형 11단 사슬뜨기 3(한길긴뜨기로 친다), 다음 8코에 한길긴뜨기, 다음 코에 한길긴뜨기 2, (다음 9코에 한길긴뜨기, 다음 코에 한길긴뜨기 2) 11번 반복, 맨 처음 사슬뜨기 3번째 코에 빼뜨기 [132]

원형 12단 (다음 10코에 짧은뜨기, 다음 2코에 짧은뜨기 2) 12번 반복, 맨 처음 짧은뜨기 코에 빼뜨기 [144] 실 정리하기 (사진 10)

키위 쿠션 만들기

쿠션의 앞면과 뒷면을 서로 안쪽이 맞닿도록 두고 뜨개용 클립으로 고르게 집어주세요 (사진 11). 갈색의 극태사 플러피 얀으로 양쪽 면을 함께 짧은뜨기로 떠주세요. 4분의 3 정도 떴을 때, 남은 클립들을 빼고 쿠션 솜을 넣어주세요 (사진 12). 아직 열려 있는 부분에 다시 클립을 집어준 다음, 계속해서 양쪽 면을 함께 짧은뜨기로 떠주세요. 맨 처음 짧은뜨기 코에 빼뜨기 한 다음 실을 정리합니다.

알록달록 캔디 컬러 가랜드

여름을 위한 작품들은 밝고 활기차며 재미있어야 해요! 여기에서 만들어볼 가랜드는 이 모든 조건을 만족시키면서, 만드는 데 시간이 오래 걸리지도 않아요. 다채롭고 생기가 넘치는 색들을 자랑하는 9개의 깃발들은 피크닉이나 파티 테이블, 혹은 창문을 꾸미는 데 제격이에요. 그리고 가장 좋은 점은 만들기에 덥거나 무겁지 않다는 거예요. 사랑스럽고 시원한 작품이랍니다.

준비해주세요

합태사 / 8ply
(Vinnis Nikkim Cotton DK 50g):
- 1× 흰색 (화이트 - 598)
- 1× 분홍색 (핑크 - 521)
- 1× 노란색 (선샤인 - 535)
- 1× 청록색 (튀르쿠아즈 - 564)

코바늘 사이즈 E-4 / 3.5mm
태슬 만들 때 필요한 보드지
가위
돗바늘

난이도
**

사이즈
깃발 = 12.5×12.5cm
가랜드 길이 = 203cm

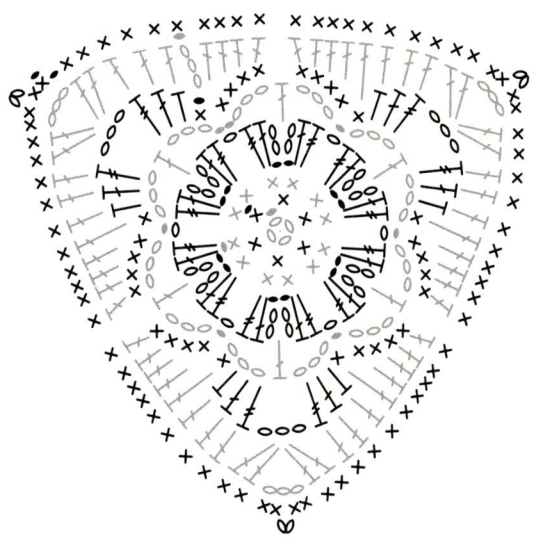

꽃 (분홍색, 노란색, 청록색 각각 3개씩 만들기)

원형 1단 {색 실로 시작} 사슬뜨기 4, 첫 번째 사슬코에 빼뜨기해 원 만들기, 원 구멍에 짧은뜨기 6, 맨 처음 짧은뜨기 코에 빼뜨기 [6] (사진 1)

원형 2단 각 코에 짧은뜨기 2, 맨 처음 짧은뜨기 코에 빼뜨기 [12] (사진 2)

원형 3단 (같은 코에 사슬뜨기 2+한길긴뜨기+두길긴뜨기+사슬뜨기 1, 다음 코에 두길긴뜨기+한길긴뜨기+사슬뜨기 2+빼뜨기, 다음 코에 빼뜨기) 6번 반복 [꽃잎 6개] 실 정리하기 (사진 3-5)

각 꽃의 삼각형 테두리 (깃발 9개)

원형 4단 {이전 단의 아무 사슬코 아래 구멍에 빼뜨기로 흰색 실 연결} (사슬뜨기 3, 이전 단의 빼뜨기 두 코 사이에 한길긴뜨기, 사슬뜨기 3, 다음 사슬코 아래 구멍에 빼뜨기) 6번 반복 [48] (사진 6)

원형 5단 (다음 사슬코 아래 구멍에 짧은뜨기+긴뜨기+한길긴뜨기+두길긴뜨기+사슬뜨기 3, 다음 사슬코 아래 구멍에 두길긴뜨기+한길긴뜨기+긴뜨기+짧은뜨기, 다음 2개의 사슬코 아래 구멍에 짧은뜨기) 4) 3번 반복, 맨 처음 짧은뜨기 코에 빼뜨기 [57] (사진 7-8)

원형 6단 사슬뜨기 3(한길긴뜨기로 친다), 다음 3코에 한길긴뜨기, (모서리에 한길긴뜨기 2+사슬뜨기 3+한길긴뜨기 2, 다음 16코에 한길긴뜨기) 2번 반복, 마지막 모서리에 한길긴뜨기 2+사슬뜨기 3+한길긴뜨기 2, 다음 12코에 한길긴뜨기, 맨 처음 사슬뜨기 3코의 세 번째 코에 빼뜨기 [69] 실 정리하기 (사진 9)

원형 7단 {이전 단의 아무 모서리 구멍에 빼뜨기로 색 실 연결} (모서리 구멍에 짧은뜨기 2+사슬뜨기 2+짧은뜨기 2, 다음 20코에 짧은뜨기) 3번 반복, 맨 처음 짧은뜨기 코에 빼뜨기 [78] 실을 정리하고 실 끝을 코 사이로 숨겨주세요 (사진 10-11).

태슬

1단계 보드지를 5cm 넓이로 잘라주세요. 색 실을 보드에 15번 감아 줍니다.

2단계 태슬 윗부분 아래로 실을 넣어 단단히 묶어주세요.

3단계 태슬의 아랫부분을 자르면 보드지에서 분리됩니다 (사진 12).

4단계 실 한 가닥으로 태슬의 윗부분을 감아준 다음 단단히 묶고 잘라주세요 (사진 13).

5단계 남은 실 꼬리로 태슬을 깃발에 연결해주세요.

깃발 연결하기

깃발 9개 모두를 테이블이나 침대와 같이 평평한 곳에 놓아주세요. 순서는 여러분 마음이에요. 저는 청록색, 분홍색, 노란색 순으로 반복했답니다.

1단계 {노란색 실로 시작, 시작 부분 실 꼬리 남기기} 사슬뜨기 30, (깃발의 윗부분 코마다 짧은뜨기, 실이 꼬이지 않도록 주의하면서 각 깃발 사이에 사슬뜨기 6) 8번 반복, 마지막 깃발의 윗부분 코마다 짧은뜨기, 사슬뜨기 30. 실을 정리하고 실 꼬리를 남겨주세요 (사진 14).

2단계 {이전 단의 시작 사슬코에 분홍색 실 연결, 시작 부분 실 꼬리 남기기} 사슬코 30개 모두 짧은뜨기, 끝까지 짧은뜨기. 실을 정리하고 실 꼬리를 남겨주세요.

3단계 {이전 단의 첫 번째 코에 청록색 실 연결, 시작 부분 실 꼬리 남기기} 끝까지 짧은뜨기 (사진 15). 실을 정리하고 실 꼬리를 남겨주세요. 양 끝의 실 꼬리 3개를 함께 묶고 자르면 완성입니다.

육각형 별빛 댄서 블랭킷

호주의 크리스마스는 언제나 덥고 햇볕이 쨍쨍 내리쬔답니다. 그렇다면 우리만의 여름 눈송이를 만들어보는 건 어떨까요? 별빛 댄서 블랭킷의 패턴은 보는 것만큼 어렵지 않아요. 만화경처럼 복잡해 보이는 코들은 사실 단순한 디자인이에요. 질감을 더하기 위해서 뒤걸어뜨기를 넣어준 겁니다. 여기에서 사용되는 모티브 잇기 방법은 이어주는 동시에 원 모양을 만들어내어 또 다른 기하학적 무늬를 더해줍니다. 크리스마스 시즌에 정말 잘 어울릴 거예요. 동일한 육각형 디자인이 크리스마스 오너먼트(79페이지)와 크리스마스트리 육각형 쿠션(81페이지)에서도 사용됩니다.

준비해주세요

병태사 / 10ply

(Scheepjes Stonewashed XL 50g):

- 2 × 진파란색 (블루 아파타이트)
- 2 × 빨간색 (레드 재스퍼)
- 2 × 연초록색 (레몬 쿼츠)
- 2 × 연파란색 (아마조나이트)
- 2 × 연노란색 (시트린)
- 2 × 연분홍색 (로즈 쿼츠)
- 1 × 진초록색 (말라카이트)
- 2 × 초록색 (포스터라이트)
- 2 × 복숭아색 (모거나이트)
- 2 × 밝은 분홍색 (토르말린)
- 9 × 황백색 (문스톤 - 실 D)

코바늘 사이즈 H-8 / 5mm

가위

돗바늘

난이도

***

사이즈

107 × 107cm

특별한 기법

뒤걸어 한길긴뜨기 (23페이지)

한길긴뜨기 3코 구슬뜨기 (19페이지)

패턴에서의 주의점

이 블랭킷은 10가지 색을 조합한 육각형 68개로 만듭니다. 마지막 단에서는 각각의 육각형이 블랭킷이 될 수 있도록 서로 이어줄 거예요. 육각형의 반만 뜬 모티브 8개로 블랭킷의 양쪽 면을 채워주세요. 컬러풀한 블랭킷의 가장자리를 황백색 실로 깔끔하게 마무리해주세요.

온전한 육각형

육각형 1 (7개 만들기)
- 실 A - 빨간색
- 실 B - 연노란색
- 실 C - 연파란색

육각형 2 (7개 만들기)
- 실 A - 초록색
- 실 B - 빨간색
- 실 C - 연분홍색

육각형 3 (7개 만들기)
- 실 A - 연분홍색
- 실 B - 밝은 분홍색
- 실 C - 진초록색

육각형 4 (7개 만들기)
- 실 A - 연초록색
- 실 B - 연파란색
- 실 C - 빨간색

육각형 5 (7개 만들기)
- 실 A - 연파란색
- 실 B - 연초록색
- 실 C - 밝은 분홍색

육각형 6 (7개 만들기)
- 실 A - 진초록색
- 실 B - 연분홍색
- 실 C - 연노란색

육각형 7 (7개 만들기)
- 실 A - 복숭아색
- 실 B - 밝은 분홍색
- 실 C - 진파란색

육각형 8 (7개 만들기)
- 실 A - 밝은 분홍색
- 실 B - 진파란색
- 실 C - 연초록색

육각형 9 (6개 만들기)
- 실 A - 연분홍색
- 실 B - 초록색
- 실 C - 복숭아색

육각형 10 (6개 만들기)
- 실 A - 진파란색
- 실 B - 복숭아색
- 실 C - 초록색

육각형 패턴

원형 1단 {실 A로 시작} 사슬뜨기 4, 첫 번째 사슬코에 빼뜨기로 원 만들기, 사슬뜨기 3(한길긴뜨기로 친다), 원 구멍에 한길긴뜨기 11, 맨 처음 사슬뜨기 3코의 세 번째 사슬코에 빼뜨기 [12] 실 정리하기 (사진 1)

원형 2단 {이전 단의 아무 한길긴뜨기 두 코 사이에 빼뜨기로 실 B 연결} 사슬뜨기 2, 같은 구멍에 한길긴뜨기 2코 구슬뜨기(첫 번째 한길긴뜨기 3코 구슬뜨기로 친다), 사슬뜨기 3, (다음 한길긴뜨기 두 코 사이에 한길긴뜨기 3코 구슬뜨기+사슬뜨기 3) 11번 반복, 맨 처음 한길긴뜨기 3코 구슬뜨기에 빼뜨기 [48] 실 정리하기 (사진 2)

원형 3단 {아무 사슬코 아래 구멍에 빼뜨기로 실 C 연결} (사슬뜨기 3, 다음 사슬코 아래 구멍에 빼뜨기) 12번 반복 [48] (사진 3)

원형 4단 다음 사슬코 아래 구멍에 빼뜨기, 사슬뜨기 3(한길긴뜨기 로 친다), 같은 구멍에 한길긴뜨기+사슬뜨기 3+한길긴뜨기 2, 다음 사슬코 아래 구멍에 한길긴뜨기 2, (다음 사슬코 아래 구멍에 한길긴뜨기 2+사슬뜨기 3+한길긴뜨기 2, 다음 사슬코 아래 구멍에 한길긴뜨기 2) 5번 반복, 맨 처음 사슬뜨기 3코의 세 번째 사슬코에 빼뜨기 [54] 실 정리하기 (사진 4)

원형 5단 {아무 사슬코 아래 구멍에 빼뜨기로 실 D 연결} 같은 구멍에 사슬뜨기 3(한길긴뜨기로 친다)+한길긴뜨기+사슬뜨기 3+한길긴뜨기 2, 다음 6코에 뒤걸어 한길긴뜨기, (다음 사슬코 아래 구멍에 한길긴뜨기 2+사슬뜨기 3+한길긴뜨기 2, 다음 6코에 뒤걸어 한길긴뜨기) 5번 반복, 맨 처음 사슬뜨기 3의 세 번째 사슬코에 빼뜨기 [78] 실을 정리하고 코 사이로 실 끝을 숨겨주세요(사진 5-11).

주의 첫 번째 육각형만 5단까지 떠서 완성해주세요. 나머지 육각형들은 연결하면서 완성할 거예요.

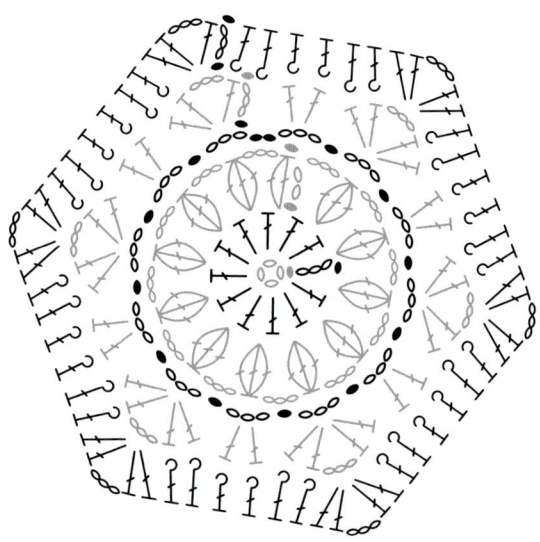

73

블랭킷 만들기

육각형 68개를 예시(사진 12)대로 놓거나, 혹은 여러분이 좋아하는 순서대로 놓아주세요. 첫 줄과 그다음 2번째 줄마다 육각형을 8개씩 놓아주세요. 나머지 줄에는 육각형이 7개 놓일 거예요. 5단까지 완성한 육각형은 맨 위 왼쪽에 두고, 다음에 설명하는 방법으로 육각형들을 이어주세요. 저는 왼쪽에서 오른쪽으로 한 줄을 이어주고, 다음 줄은 오른쪽에서 왼쪽 순으로 반복하였습니다. 일단 육각형 68개 모두를 연결하고 나면, 아래의 설명에 따라 반쪽 육각형 8개를 떠서 육각형이 7개씩 놓인 줄의 양쪽에 연결해주세요.

모티브 잇기 (2개의 모서리 연결하기) (사진 13-15)

원형 5단의 설명에 따라서 뜨다가 다른 육각형과 연결해야 하는 모서리에 다다르면 사슬뜨기 3 대신 (사슬뜨기 1, 빼뜨기로 연결, 사슬뜨기 1)로 떠주세요. 모서리를 서로 연결할 때만 제외하고는 계속해서 원래대로 뜨면 됩니다.

모티브 잇기 (모서리 3개 연결하기) (사진 16-22)

원형 5단의 설명에 따라서 뜨다가 다른 육각형 2개와 연결해야 하는 모서리에 다다르면 사슬뜨기 3 대신 (첫 번째 육각형 모서리에 빼뜨기로 연결, 사슬뜨기 1, 두 번째 육각형 모서리에 빼뜨기로 연결)로 떠주세요. 모서리를 서로 연결할 때만 제외하고는 계속해서 원래대로 뜨면 됩니다.

빼뜨기로 잇기

연결해야 하는 육각형 모서리에 코바늘을 앞에서 뒤로 넣어주세요. 실을 걸어준 다음, 모서리와 코바늘에 걸린 고리에 실을 통과시켜주세요. 원래대로 모서리를 떠주세요.

반쪽 육각형

반쪽 육각형 1 (2개 만들기)
- 실 A - 초록색
- 실 B - 빨간색
- 실 C - 연분홍색

반쪽 육각형 2 (2개 만들기)
- 실 A - 빨간색
- 실 B - 연노란색
- 실 C - 연파란색

반쪽 육각형 3 (2개 만들기)
- 실 A - 연분홍색
- 실 B - 초록색
- 실 C - 복숭아색

반쪽 육각형 4 (2개 만들기)
- 실 A - 복숭아색
- 실 B - 밝은 분홍색
- 실 C - 진파란색

반쪽 육각형 패턴

원형 1단 {실 A로 시작} 사슬뜨기 4, 첫 번째 사슬코에 빼뜨기해 원 만들기, 사슬뜨기 3(첫 번째 한길긴뜨기로 친다), 원 구멍에 한길긴뜨기 7, 사슬뜨기 3(한길긴뜨기로 친다), 원 구멍에 빼뜨기 [9] 실 정리하기 (사진 23)

원형 2단 {이전 단의 첫 한길긴뜨기 두 코 사이에 빼뜨기로 실 B 연결} 사슬뜨기 5, 다음 두 코 사이에 한길긴뜨기 3코 구슬뜨기, (사슬뜨기 3, 다음 두 코 사이에 한길긴뜨기 3코 구슬뜨기) 5번 반복, 사슬뜨기 5, 이전 단의 마지막 사슬뜨기 3에 빼뜨기 [31] 실 정리하기 (사진 24)

원형 3단 {첫 번째 사슬코 아래 구멍에 빼뜨기로 실 C 연결} 같은 구멍에 사슬뜨기 5+한길긴뜨기 2, 다음 사슬코 아래 구멍에 한길긴뜨기 2, (다음 사슬코 아래 구멍에 한길긴뜨기 2+사슬뜨기 3+한길긴뜨기 2, 다음 사슬코 아래 구멍에 한길긴뜨기 2) 2번 반복, 마지막 사슬코 아래 구멍에 한길긴뜨기 2+사슬뜨기 5+빼뜨기 [34] 실을 정리하고 실 끝을 코 사이로 숨겨주세요.(사진 25).

반쪽 육각형을 육각형이 7개씩 놓인 줄의 양쪽 끝에 두고, 4단을 떠주세요. 모서리에 다다르면 온전한 육각형과 연결해주세요.

모티브 잇기 (반쪽 육각형)

원형 4단 {바깥쪽 모서리에 빼뜨기로 실 D 연결} 사슬뜨기 3, 빼뜨기로 연결, 사슬뜨기 1, 사슬코 아래 구멍에 한길긴뜨기 2, (다음 6코에 뒤걸어 한길긴뜨기, 다음 사슬코 아래 구멍에 한길긴뜨기 2+빼뜨기로 연결+사슬뜨기 1+빼뜨기로 연결+한길긴뜨기 2) 2번 반복, 다음 6코에 뒤걸어 한길긴뜨기, 다음 사슬코 아래 구멍에 한길긴뜨기 2+사슬뜨기 1+빼뜨기로 연결+사슬뜨기 3+빼뜨기. 실 정리하기 (사진 26 - 32)

마무리 단

1단계 {블랭킷의 맨 윗줄 오른쪽 육각형의 오른쪽 상단 모서리에 빼뜨기로 실 D로 연결} 같은 모서리 구멍에 짧은뜨기 2+사슬뜨기 3+빼뜨기+짧은뜨기 2, 다음 10코에 짧은뜨기, (다음 모서리 구멍에 짧은뜨기 2+사슬뜨기 3+빼뜨기+짧은뜨기 2, 다음 10코에 짧은뜨기, 다음 2개의 사슬코 아래 구멍에 짧은뜨기 2, 다음 10코에 짧은뜨기) 7번 반복, 다음 모서리 구멍에 짧은뜨기 2+사슬뜨기 3+빼뜨기+짧은뜨기 2, 다음 10코에 짧은뜨기, 마지막 모서리 구멍에 짧은뜨기 2+사슬뜨기 3+빼뜨기+짧은뜨기 2 (사진 33)

2단계 {왼쪽 면을 따라 내려가며 뜨기} (다음 10코에 짧은뜨기, 다음 2개의 사슬코 아래 구멍에 짧은뜨기 2, 다음 2개의 사슬코 아래 구멍에 짧은뜨기 3, 다음 2개의 사슬코 아래 구멍에 짧은뜨기 2, 다음 2개의 사슬코 아래 구멍에 짧은뜨기 3, 다음 2개의 사슬코 아래 구멍에 짧은뜨기 2) 4번 반복, 다음 10코에 짧은뜨기 (사진 34)

3단계 블랭킷의 맨 아래쪽에 1단계를, 블랭킷의 오른쪽 면을 따라 2단계를 반복해주세요. 맨 처음 짧은뜨기 코에 빼뜨기 한 다음 실을 정리합니다.

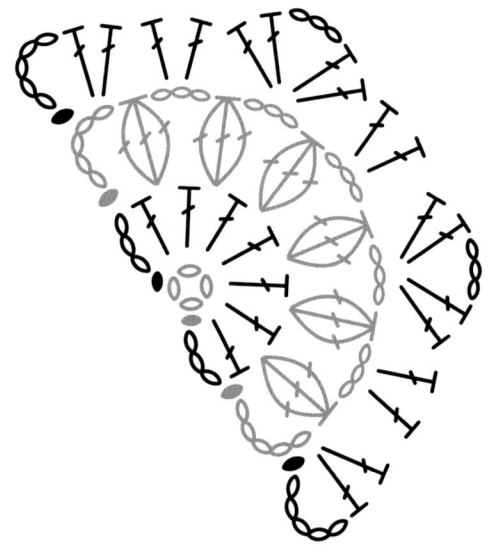

육각형 별빛 댄서 오너먼트

준비해주세요 (오너먼트 5개 분량)

병태사 / 10ply

(Scheepjes Stonewashed XL 50g):

- 실 A - 연노란색
- 실 B - 초록색
- 실 C - 빨간색
- 실 D - 황백색

코바늘 사이즈 H-8 / 5mm

가위

돗바늘

난이도

**

사이즈

끝에서 끝까지 17cm

특별한 기법

뒤걸어 한길긴뜨기 (23페이지)

한길긴뜨기 3코 구슬뜨기 (19페이지)

모서리에 피코뜨기 = 사슬뜨기 3, 첫 번째 사슬코에 빼뜨기

> **주의** 원형 1-5단에 해당하는 사진과 도안은 72-73페이지에서 볼 수 있습니다.

원형 1단 {실 A로 시작} 사슬뜨기 4, 첫 번째 사슬코에 빼뜨기로 원 만들기, 사슬뜨기 3(첫 번째 한길긴뜨기로 친다), 원 구멍에 한길긴뜨기 11, 맨 처음 사슬뜨기 3의 세 번째 사슬코에 빼뜨기 [12] 실 정리하기

원형 2단 {이전 단의 아무 한길긴뜨기 두 코 사이에 빼뜨기로 실 B 연결} 사슬뜨기 2, 같은 구멍에 한길긴뜨기 2코 구슬뜨기(첫 번째 한길긴뜨기 3코 구슬뜨기로 친다), 사슬뜨기 3코, (다음 한길긴뜨기 두 코 사이에 한길긴뜨기 3코 구슬뜨기+사슬뜨기 3) 11번 반복, 맨 처음 한길긴뜨기 3코 구슬뜨기에 빼뜨기 [48] 실 정리하기

원형 3단 {아무 사슬코 아래 구멍에 빼뜨기로 실 C 연결} (사슬뜨기 3, 다음 사슬코 아래 구멍에 빼뜨기) 12번 반복 [48]

원형 4단 다음 사슬코 아래 구멍에 빼뜨기, 사슬뜨기 3(한길긴뜨기로 친다), 같은 구멍에 한길긴뜨기+사슬뜨기 3+한길긴뜨기 2, 다음 사슬코 아래 구멍에 한길긴뜨기 2, (다음 사슬코 아래 구멍에 한길긴뜨기 2+사슬뜨기 3+한길긴뜨기 2, 다음 사슬코 아래 구멍에 한길긴뜨기 2) 5번 반복, 맨 처음 사슬뜨기 3의 세 번째 사슬코에 빼뜨기 [54] 실 정리하기

원형 5단 {아무 모서리 사슬코 아래 구멍에 빼뜨기로 실 D 연결} 같은 구멍에 사슬뜨기 3(한길긴뜨기로 친다)+한길긴뜨기+사슬뜨기 3+한길긴뜨기 2, 다음 6코에 뒤걸어 한길긴뜨기, (다음 사슬코 아래 구멍에 한길긴뜨기 2+사슬뜨기 3+한길긴뜨기 2, 다음 6코에 뒤걸어 한길긴뜨기) 5번 반복, 맨 처음 사슬뜨기 3의 세 번째 사슬코에 빼뜨기 [78]

> **주의** 원형 6단에서는 모서리에 다음과 같이 피코뜨기를 해주세요: 사슬뜨기 3, 첫 번째 사슬코에 빼뜨기.

원형 6단 다음 코에 짧은뜨기, 모서리에 짧은뜨기 2+피코뜨기+짧은뜨기 2, (다음 10코에 짧은뜨기, 모서리에 짧은뜨기 2+피코뜨기+짧은뜨기 2) 5번 반복, 다음 9코에 짧은뜨기, 맨 처음 짧은뜨기 코에 빼뜨기 [108] 실을 정리하고 실 끝을 코 사이에 숨겨주세요.

오너먼트를 달아주려면 아무 모서리에 실 D를 연결하고 사슬뜨기 8코를 뜨고 같은 구멍에 빼뜨기를 해준 다음 실을 정리해주세요.

크리스마스트리 육각형 쿠션

준비해주세요

합태사 / 8ply

(Patons Cotton Blend 8ply 50g):

- 1×분홍색 (플라밍고) - 육각형 4개 만들기
- 1×파란색 (데님) - 육각형 4개 만들기
- 1×초록색 (그린) - 육각형 8개 만들기
- 1×빨간색 (레드) - 육각형 4개 만들기
- 1×진노란색 (파인애플) - 육각형 4개 만들기
- 1×연노란색 (옐로) - 육각형 6개 만들기
- 1×보라색 (애미시스트) - 육각형 4개 만들기
- 3×흰색 - 마무리 단과 연결

코바늘 사이즈 E-4 / 3.5mm

폼폼 메이커 (8.5cm)

가위

돗바늘

쿠션 솜 커버용 흰색 천

솜

원단용 초크

재단 가위

난이도

★★

사이즈

51×63.5cm

특별한 기법

뒤걸어 한길긴뜨기 (23페이지)

한길긴뜨기 3코 구슬뜨기 (19페이지)

한여름의 크리스마스?

호주에 산다는 건 일 년 중 가장 더운 계절인 여름에 크리스마스를 맞이하게 된다는 말이에요! 저는 가끔 눈 내리는 크리스마스와 같은 낭만을 꿈꾸지만 한여름의 크리스마스에도 좋은 점이 아주 많아요. 우리는 야외에서 바비큐를 할 수도 있고, 오후에 햇볕을 즐기며 수영을 할 수도 있답니다!

육각형 패턴 (34개 만들기)

> **주의** 원형 1-5단의 도안은 72페이지에서 볼 수 있습니다.

원형 1단 {색 실로 시작} 사슬뜨기 4, 첫 번째 사슬코에 빼뜨기해 원 만들기, 사슬뜨기 3(첫 번째 한길긴뜨기로 친다), 원 구멍에 한길긴뜨기 11, 맨 처음 사슬뜨기 3의 세 번째 사슬코에 빼뜨기 [12] (사진 1)

원형 2단 한길긴뜨기 두 코 사이에 빼뜨기, 사슬뜨기 2, 한길긴뜨기 2코 구슬뜨기(첫 번째 한길긴뜨기 3코 구슬뜨기로 친다), 사슬뜨기 3, (다음 한길긴뜨기 두 코 사이에 한길긴뜨기 3코 구슬뜨기+사슬뜨기 3) 11번 반복, 맨 처음 한길긴뜨기 3코 구슬뜨기에 빼뜨기 [48] 실 정리하기 (사진 2-4)

원형 3단 다음 사슬뜨기 3 구멍에 빼뜨기, (사슬뜨기 3, 다음 사슬코 아래 구멍에 빼뜨기) 12번 반복 [48] (사진 5)

원형 4단 다음 사슬코 아래 구멍에 빼뜨기, 사슬뜨기 3(한길긴뜨기로 친다), 같은 구멍에 한길긴뜨기+사슬뜨기 3+한길긴뜨기 2, 다음 사슬코 아래 구멍에 한길긴뜨기 2, (다음 사슬코 아래 구멍에 한길긴뜨기 2+사슬뜨기 3+한길긴뜨기 2, 다음 사슬코 아래 구멍에 한길긴뜨기 2) 5번 반복, 맨 처음 사슬뜨기 3의 세 번째 사슬코에 빼뜨기 [54] 실 정리하기 (사진 6-7)

> **주의** 분홍색 육각형(쿠션 양쪽에 한 개씩) 2개는 원형 5단을 떠서 완성해주세요.

원형 5단 {아무 모서리에 빼뜨기로 흰색 실 연결} 같은 사슬코 아래구멍에 사슬뜨기 3(한길긴뜨기로 친다)+한길긴뜨기+사슬뜨기 3+한길긴뜨기 2, 다음 6코에 뒤걸어 한길긴뜨기, (다음 사슬코 아래 구멍에 한길긴뜨기 2+사슬뜨기 3+한길긴뜨기 2, 다음 6코에 뒤걸어 한길긴뜨기) 5번 반복, 맨 처음 사슬뜨기 3의 세 번째 사슬코에 빼뜨기 [78] 실을 정리하고 실 끝을 코 사이로 숨겨주세요 (사진 8-9).

쿠션 조각들 연결하기

육각형들을 사진과 같이 배열해주세요. 5단까지 완성한 분홍색 육각형을 나무의 가장 위에 둡니다. 다음에 설명하는 모티브 잇기 방법에 따라 각각의 모티브를 연결해 나무 모양으로 만들어주세요.

모티브 잇기 (모서리 2개 연결하기) (사진 10-15)

원형 5단의 설명에 따라서 뜨다가 다른 육각형과 연결해야 하는 모서리에 다다르면 사슬뜨기 3 대신 (사슬뜨기 1, 빼뜨기로 연결, 사슬뜨기 1)로 떠주세요. 모서리를 서로 연결할 때만 제외하고는 계속해서 원래대로 뜨면 됩니다.

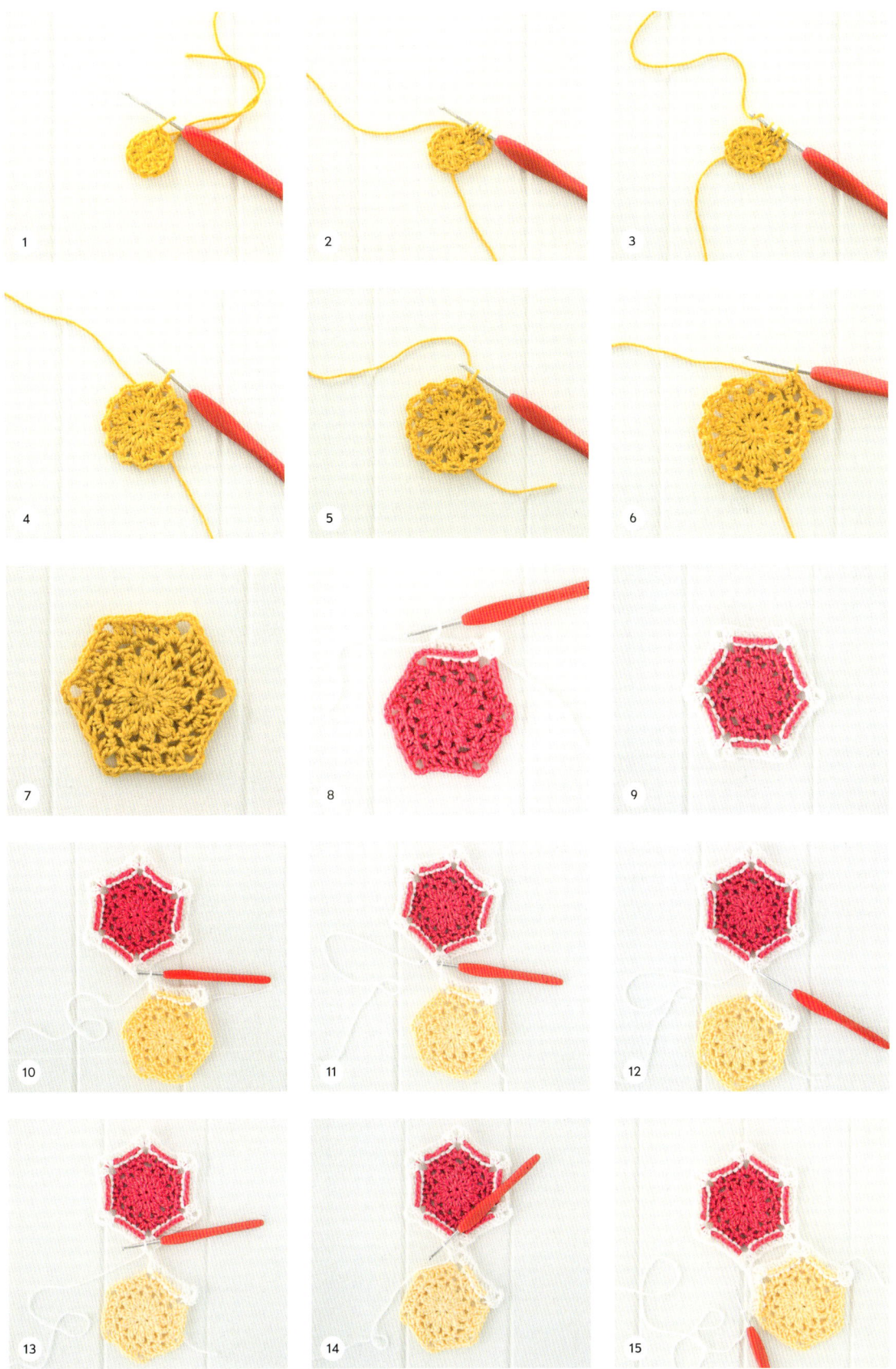

모티브 잇기 (모서리 3개 연결하기) (사진 16-20)

원형 5단의 설명에 따라서 뜨다가 다른 육각형 2개와 연결해야 하는 모서리에 다다르면 사슬뜨기 3 대신 (첫 번째 육각형 모서리에 빼뜨기로 연결, 사슬뜨기 1, 두 번째 육각형 모서리에 빼뜨기로 연결)로 떠주세요. 모서리를 서로 연결할 때만 제외하고는 계속해서 원래대로 뜨면 됩니다.

빼뜨기로 잇기

육각형의 연결해야 하는 모서리에 코바늘을 앞에서 뒤로 넣어주세요. 실을 걸어준 다음, 모서리와 코바늘에 걸린 고리에 실을 통과시켜주세요. 원래대로 모서리를 완성해주세요.

쿠션 솜 만들기

흰색 천을 평평한 바닥에 놓고, 쿠션 솜의 견본으로 쿠션의 한 면을 사용합니다. 원단용 초크로 따라 그려주세요(사진 22). 솔기로 사용할 1cm를 남겨두고 크리스마스트리 모양으로 잘라줍니다(사진 23). 두 장을 잘라주세요. 잘 드는 재단 가위로 솔기로 남겨둔 부분을 1cm마다 3/4 들어간 지점까지 잘라주세요. 그러면 꿰매었을 때 솔기가 납작해진답니다. 겉면을 서로 맞닿은 상태로 두 장을 겹쳐놓은 다음, 나무의 아래쪽에 솜을 넣어주기 위한 부분만 조금 남기고 같이 꿰매어주세요. 솜을 채워 넣은 다음 벌어진 부분을 꿰매어주세요(사진 24). 코바늘뜨기로 만든 크리스마스트리를 서로 안쪽 면을 바라보도록 두고, 코마다 짧은뜨기로, 모서리 구멍마다 짧은뜨기 3코로 서로 연결해주세요(사진 25). 실을 정리하고 코 사이로 실 끝을 숨겨주세요.

장식하기

진노란색 실로 복슬복슬한 폼폼을 만들고(사진 26-30), 크리스마스트리의 제일 윗부분에 달아주세요.

85

가을

북반구
9월 21일부터 12월 20일

남반구
3월 21일부터 6월 20일

가을 토트백

가방은 아무리 많아도 부족해요. 특히 여러 가지 작품들을 동시에 진행하는 경우라면 말이에요. 바로 제가 그렇거든요! 이번에 만들어볼 귀여운 가방은 여러분이 어디를 가든 부피가 작은 작품들을 넣어 다니기에 제격입니다. 튼튼하고 견고한 100% 면으로 만들어진 이 가방은 질리지 않고 오래도록 들 수 있을 거예요. 따뜻한 색상은 변하는 가을의 색을 담았답니다.

준비해주세요

병태사 / 10ply 면사
(Lily Sugar'n Cream 71g):

- 실 A - 황백색 (에크루)
- 실 B - 초록색 (컨트리 그린)
- 실 C - 진분홍색 (로즈 핑크)
- 실 D - 연분홍색 (티 로즈)
- 실 E - 노란색 (옐로)

코바늘 사이즈 H-8 / 5mm
돗바늘
단수링
가위
가죽 손잡이 2개 2.5cm × 45cm (선택)
가죽 펀칭기 (선택)

난이도

*

사이즈

약 30×40cm (손잡이 포함)

패턴에서의 주의점

이번 작업에서 쐐기 모양 만들기의 두 번째 단인 원형 18단까지는 겉에서 떠주세요. 그다음부터는 안과 겉을 번갈아 가면서 떠주세요. 마지막 두 단에서는 손잡이를 달기 위한 작은 구멍을 만들어주세요.

토트백

원형 1단 {실 A로 시작} 매듭을 만들고, 사슬뜨기 41 (사진 1). 기초 사슬코의 양쪽을 모두 떠줍니다. 코바늘에서부터 2번째 코에 짧은뜨기 3, 다음 38코 짧은뜨기, 마지막 코에 짧은뜨기 3. 계속해서 기초 사슬코의 반대쪽 면을 떠줍니다. 다음 38코에 짧은뜨기, 맨 처음 짧은뜨기 코에 빼뜨기 [82] (사진 2-4) 기초 사슬코를 돌아가며 계속해서 떠주세요.

원형 2단 사슬뜨기 1(코로 세지 않는다), 같은 코에 짧은뜨기 2, 다음 코에 짧은뜨기, 다음 코에 짧은뜨기 2, 다음 38코에 짧은뜨기, 다음 코에 짧은뜨기 2, 다음 코에 짧은뜨기, 다음 코에 짧은뜨기 2, 다음 38코에 짧은뜨기, 맨 처음 짧은뜨기 코에 빼뜨기 [86]

원형 3단 사슬뜨기 1(코로 세지 않는다), 같은 코에 짧은뜨기, 다음 코에 짧은뜨기, 다음 코에 짧은뜨기 2, 다음 42코에 짧은뜨기, 다음 코에 짧은뜨기 2, 다음 40코에 짧은뜨기, 맨 처음 짧은뜨기 코에 빼뜨기 [88]

원형 4단 사슬뜨기 1(코로 세지 않는다), 같은 코에 짧은뜨기, 다음 코에 짧은뜨기 2, 다음 2코에 짧은뜨기, 다음 코에 짧은뜨기 2, 다음 40코에 짧은뜨기, 다음 코에 짧은뜨기 2, 다음 2코에 짧은뜨기, 다음 코에 짧은뜨기 2, 다음 39코에 짧은뜨기, 맨 처음 짧은뜨기 코에 빼뜨기 [92]

원형 5단 사슬뜨기 1(코로 세지 않는다), 같은 코에 짧은뜨기 2, 다음 2코에 짧은뜨기, 다음 2코에 짧은뜨기 2, 다음 2코에 짧은뜨기, 다음 코에 짧은뜨기 2, 다음 38코에 짧은뜨기, 다음 코에 짧은뜨기 2, 다음 2코에 짧은뜨기, 다음 2코에 짧은뜨기 2, 다음 코에 짧은뜨기 2, 다음 38코에 짧은뜨기, 맨 처음 짧은뜨기 코에 빼뜨기 [100] (사진 5)

원형 6단 {이 단에서는 뒤 반 코에만 떠주세요} 100코 모두 짧은뜨기 [100] (사진 6)

원형 7-16단 {모든 코를 한 코에 떠주세요} 100코 모두 짧은뜨기 [100] (사진 7-8)

원형 17단 (사슬뜨기 3, 같은 코에 한길긴뜨기 3, 4코 건너뛰기, 다음 코에 빼뜨기) 20번 반복 [쐐기 모양 20개] 실 정리하기

원형 18단 {가방의 안쪽에서 떠주세요. 이전 단의 아무 사슬뜨기 3코에 빼뜨기로 실 B 연결} (사슬뜨기 3, 같은 구멍에 한길긴뜨기 3, 다음 사슬코 아래 구멍에 빼뜨기) 20번 반복 [쐐기 모양 20개] 실 정리하기 (사진 9-10)

원형 19단 {가방의 겉에서 떠주세요. 이전 단의 아무 사슬뜨기 3코에 빼뜨기로 실 C 연결} (사슬뜨기 3, 같은 구멍에 한길긴뜨기 3, 다음 사슬코 아래 구멍에 빼뜨기) 20번 반복 [쐐기 모양 20개] 실 정리하기 (사진 11-15)

원형 20단 {가방의 안쪽에서 떠주세요. 이전 단의 아무 사슬뜨기 3코에 빼뜨기로 실 D 연결} (사슬뜨기 3, 같은 구멍에 한길긴뜨기 3, 다음 사슬코 아래 구멍에 빼뜨기) 20번 반복 [쐐기 모양 20개] 실 정리하기

원형 21단 {가방의 겉에서 떠주세요. 이전 단의 아무 사슬뜨기 3코에 빼뜨기로 실 E 연결} (사슬뜨기 3, 같은 구멍에 한길긴뜨기 3, 다음 사슬코 아래 구멍에 빼뜨기) 20번 반복 [쐐기 모양 20개] 실 정리하기

원형 22단 {가방의 안쪽에서 떠주세요. 이전 단의 아무 사슬뜨기 3코에 빼뜨기로 실 A 연결} (사슬뜨기 3, 같은 구멍에 한길긴뜨기 3, 다음 사슬코 아래 구멍에 빼뜨기) 20번 반복 [쐐기 모양 20개] 실 정리하기 (사진 16)

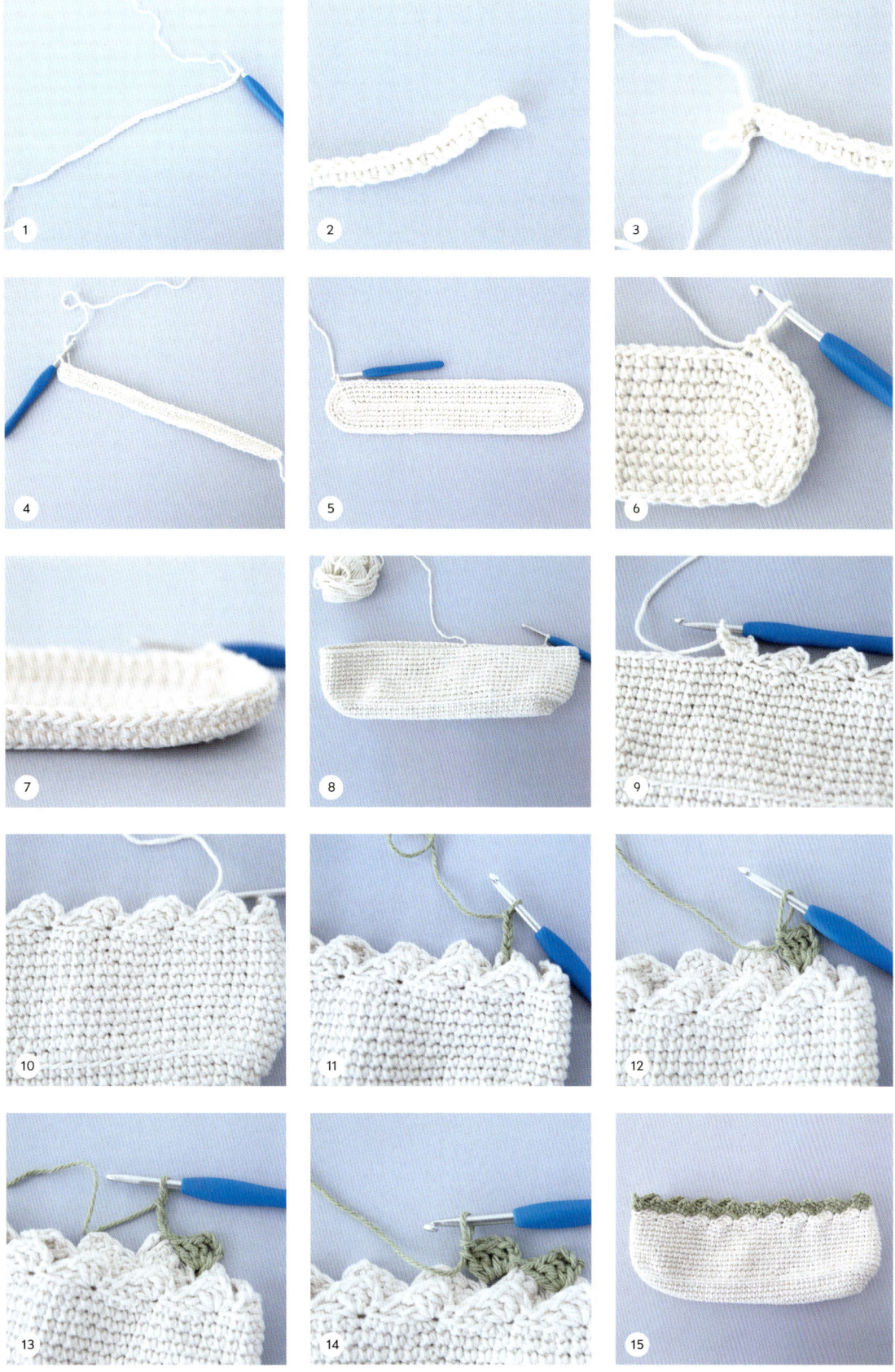

원형 23단 {가방의 겉에서 떠주세요. 이전 단의 아무 사슬뜨기 3코에 빼뜨기로 실 B 연결} (사슬뜨기 3, 같은 구멍에 한길긴뜨기 3, 다음 사슬코 아래 구멍에 빼뜨기) 20번 반복 [쐐기 모양 20개] (사진 17)

원형 24단 {가방을 평평한 곳에 두고, 왼쪽 마지막 쐐기 모양의 사슬코 아래 구멍 코에 빼뜨기로 실 A 연결} (사슬뜨기 3, 다음 쐐기 모양의 사슬코 아래 구멍에 빼뜨기) 20번 반복 [구멍 20개] (사진 18)

원형 25단 사슬코 아래 구멍에 빼뜨기, 사슬뜨기 1(코로 세지 않는다), 모든 사슬코 아래 구멍마다 짧은뜨기 4, 맨 처음 짧은뜨기 코에 빼뜨기 [80] (사진 19)

원형 26 - 29단 사슬뜨기 1(코로 세지 않는다), 80코 모두 짧은뜨기, 맨 처음 짧은뜨기 코에 빼뜨기 [80]

원형 30단 사슬뜨기 1(코로 세지 않는다), 다음 12코에 짧은뜨기, (사슬뜨기 3, 4코 건너뛰기, 다음 16코에 짧은뜨기) 3번 반복, 사슬뜨기 3, 4코 건너뛰기, 다음 4코에 짧은뜨기, 맨 처음 짧은뜨기 코에 빼뜨기 [짧은뜨기 64, 사슬뜨기 12] (사진 20 - 22)

원형 31단 사슬뜨기 1(코로 세지 않는다), 다음 12코에 짧은뜨기, (사슬코 아래 구멍에 짧은뜨기 3, 다음 16코에 짧은뜨기) 3번 반복, 사슬코 아래 구멍에 짧은뜨기 3, 다음 4코에 짧은뜨기, 맨 처음 짧은뜨기 코에 빼뜨기 [76] 실을 정리하고 실 끝을 코 사이로 숨겨주세요 (사진 23).

가죽 손잡이 만들어서 달기

가죽 손잡이에 각각 구멍 4쌍을 뚫어주세요. 한 쌍은 손잡이의 끝에서 0.5cm 떨어진 곳에, 다른 한 쌍은 끝에서 10.5cm 떨어진 곳에 뚫어주면 됩니다 (사진 24). 손잡이의 끝을 가방 상단의 사슬코 아래 구멍에 넣어주세요 (사진 25). 구멍들이 서로 만날 수 있도록 접어주세요. 황백색 실로 꿰매어 고정시켜준 다음, 실 꼬리가 보이지 않도록 접힌 부분 사이로 실을 정리해주세요 (사진 26 - 27).

코바늘로 손잡이 만들어서 달기 (2개 만들기)

1단 {실 A 사용} 매듭을 만들고, 사슬뜨기 71, 코바늘에서 두 번째 사슬코에 짧은뜨기, 다음 69코에 짧은뜨기 [70]

2 - 3단 편물을 뒤집고, 사슬뜨기 1(코로 세지 않는다), 다음 70코에 짧은뜨기 [70]

4단 편물을 뒤집고, 사슬뜨기 1(코로 세지 않는다), 다음 70코에 짧은뜨기 [70] 실 정리하기

손잡이의 끝을 가방 상단의 사슬코 아래 구멍에 넣어준 다음, 5cm 정도 당겨주세요. 황백색 실로 꿰매어 고정시켜줍니다.

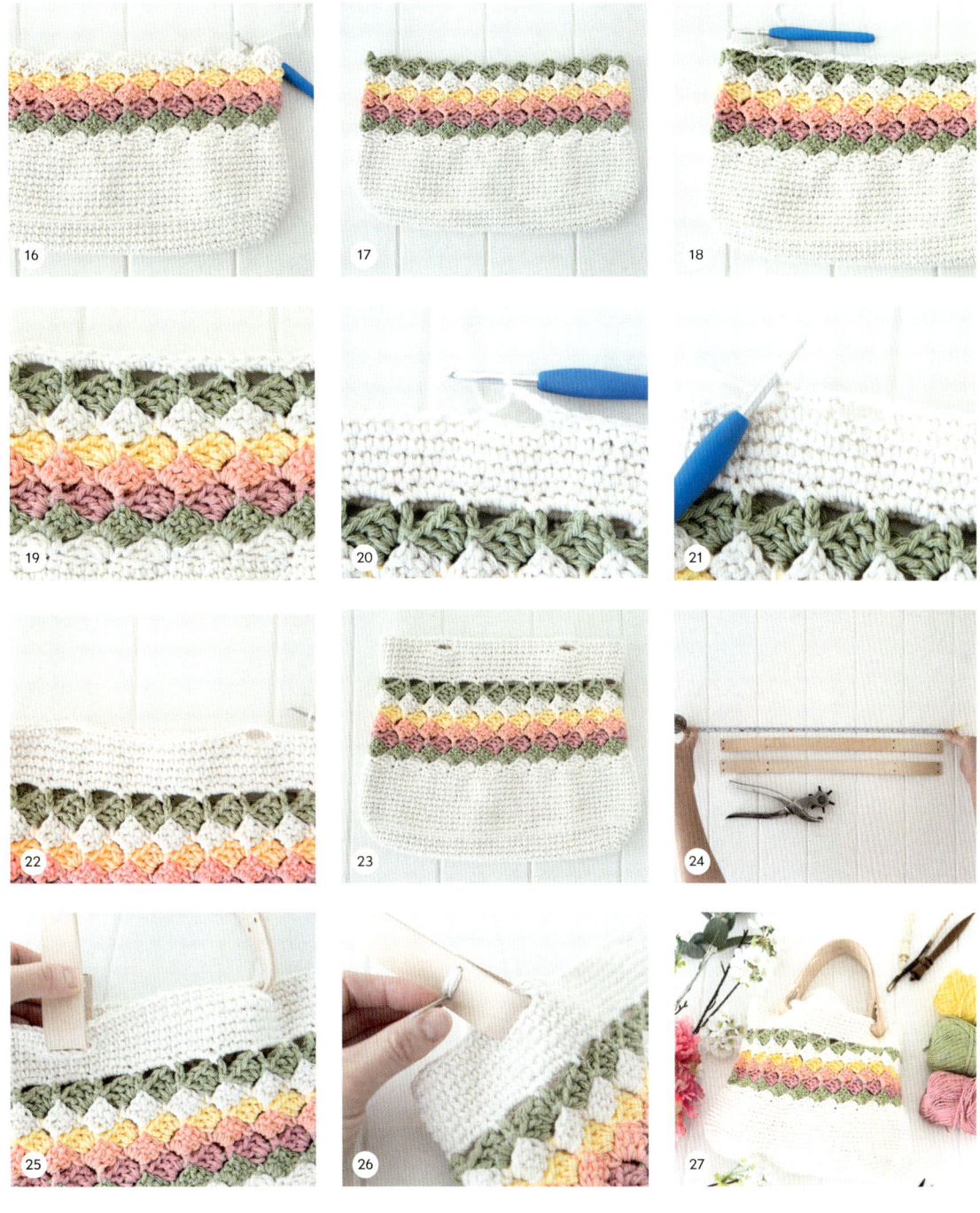

꽃무늬 컵 받침과 식탁 매트

호주의 여름은 정말이지 너무나 더워요. 수영장이 아니고서야 나갈 엄두가 나지 않는답니다. 그래서 저는 언제나 가을이 가까워지면 정말 행복해져요. 선선해지려면 아직 조금 더 기다려야겠지만 야외에서 바비큐나 피크닉을 즐기기에는 훨씬 좋은 계절이 왔어요. 여기에서는 뜨겁고 차가운 색들을 다양하게 조합해 가을 나들이에 어울릴 만한 컵 받침과 식탁 매트를 만들어보았습니다.

준비해주세요

합태사 / 8ply 면사

(Heirloom Cotton 50g):

- 2×흰색 (화이트 - 6607)
- 1×분홍색 (코럴 핑크 - 6611)
- 1×초록색 (페일 그린 - 6612)
- 1×파란색 (라군 블루 - 6614)
- 1×복숭아색 (피치 - 6627)

코바늘 사이즈 E-4 / 3.5mm

돗바늘

가위

난이도

*

사이즈

컵 받침: 지름 12cm

식탁 매트: 지름 22cm

패턴에서의 주의점

컵 받침과 식탁 매트는 모두 완전히 납작한 원 모양으로 만들기 때문에 단을 올라가면서 콧수를 늘려줍니다. 어떤 단에서는 뒤반 코만 뜨는 경우도 있으니 주의하세요. 이렇게 뜨면 패턴에 손쉽게 재미와 질감을 더할 수 있답니다.

컵 받침

컵 받침 1

- 실 A - 파란색
- 실 B - 초록색
- 실 C - 흰색

컵 받침 2

- 실 A - 초록색
- 실 B - 파란색
- 실 C - 흰색

컵 받침 3

- 실 A - 분홍색
- 실 B - 복숭아색
- 실 C - 흰색

컵 받침 4

- 실 A - 복숭아색
- 실 B - 분홍색
- 실 C - 흰색

컵 받침 패턴

원형 1단 {실 A로 시작} 매직링에 긴뜨기 12, 맨 처음 긴뜨기코에 빼뜨기 [12] (사진 1-2)

원형 2단 사슬뜨기 2(긴뜨기로 친다), 같은 코에 긴뜨기, 다음 11코에 긴뜨기 2, 맨 처음 긴뜨기코에 빼뜨기 [24] 실 정리하기 (사진 3-4)

원형 3단 {이 단의 모든 코는 뒤 반 코에만 떠주세요. 다음 코의 뒤 반 코에 빼뜨기로 실 B 연결} 사슬뜨기 2(긴뜨기로 친다), 다음 코에 긴뜨기 2, (다음 코에 긴뜨기, 다음 코에 긴뜨기 2) 11번 반복, 맨 처음 긴뜨기코의 뒤 반 코에 빼뜨기 [36] (사진 5-6)

원형 4단 {한 코 전체에 계속해서 떠주세요} 사슬뜨기 2(긴뜨기로 친다), 다음 코에 긴뜨기, 다음 코에 긴뜨기 2, (다음 2코에 긴뜨기, 다음 코에 긴뜨기 2) 11번 반복, 맨 처음 긴뜨기코에 빼뜨기 [48] 실 정리하기 (사진 7-8)

원형 5단 {이 단의 모든 코는 뒤 반 코에만 떠주세요. 아무 코에 빼뜨기로 실 C 연결} 모든 코에 짧은뜨기, 맨 처음 짧은뜨기 코에 빼뜨기 [48] (사진 9-10)

원형 6단 {끝까지 한 코 전체에 떠주세요} (다음 코에 짧은뜨기, 다음 코에 짧은뜨기 2) 24번 반복, 맨 처음 짧은뜨기 코에 빼뜨기 [72] 실 정리하기 (사진 11)

원형 7단 {아무 코에 빼뜨기로 실 A 연결} (사슬뜨기 3, 2코 건너뛰기, 다음 코에 빼뜨기) 24번 반복 [사슬코 아래 구멍 24개] (사진 12)

원형 8단 사슬코 아래 구멍에 빼뜨기, 사슬뜨기 3(한길긴뜨기로 친다), 같은 구멍에 한길긴뜨기 6, 다음 사슬코 아래 구멍에 빼뜨기, (다음 사슬코 아래 구멍에 한길긴뜨기 7, 다음 사슬코 아래 구멍에 빼뜨기) 11번 반복, 맨 처음 사슬뜨기 3의 세 번째 사슬코에 빼뜨기 [꽃잎 12개] 실을 정리하고 실 끝을 코 사이로 숨겨주세요 (사진 13-15)

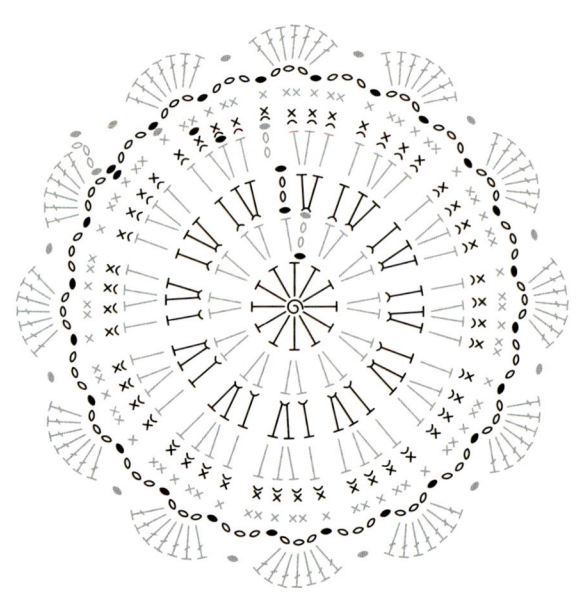

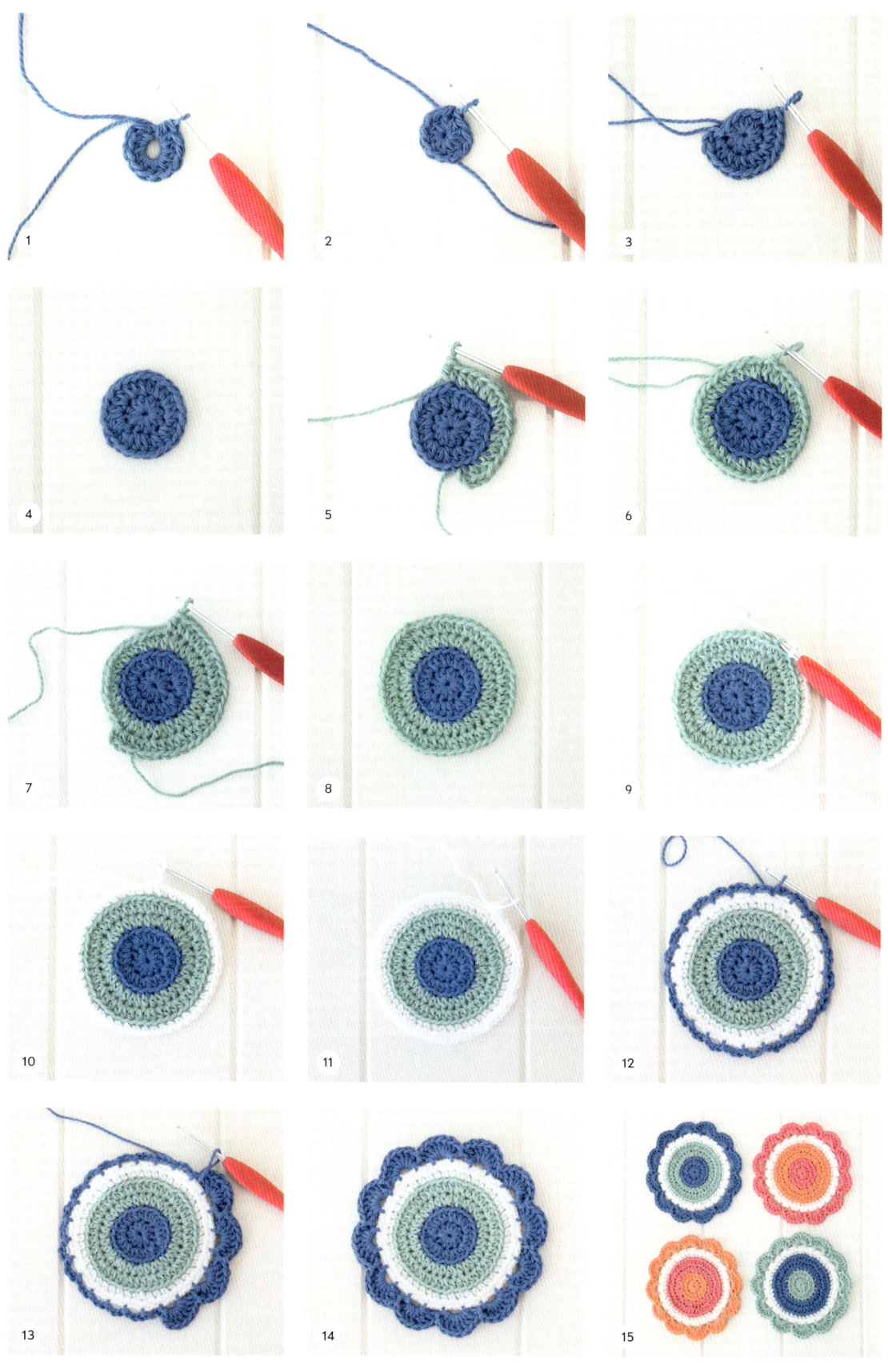

식탁 매트

식탁 매트 1
- 실 A - 분홍색
- 실 B - 초록색
- 실 C - 흰색

식탁 매트 2
- 실 A - 초록색
- 실 B - 분홍색
- 실 C - 흰색

식탁 매트 3
- 실 A - 복숭아색
- 실 B - 파란색
- 실 C - 흰색

식탁 매트 4
- 실 A - 파란색
- 실 B - 복숭아색
- 실 C - 흰색

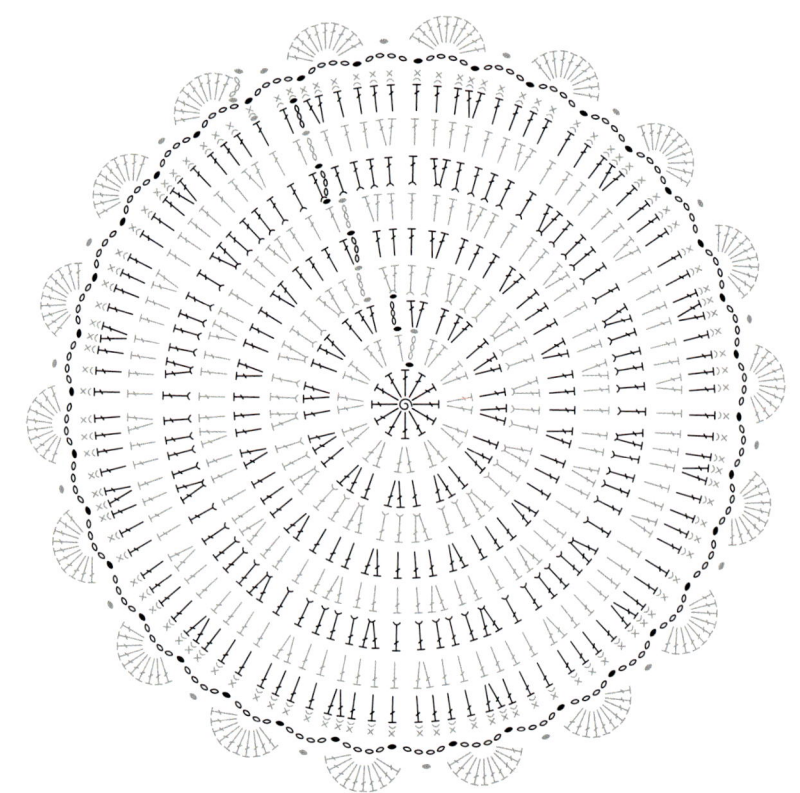

식탁 매트 패턴

원형 1단 {실 A로 시작} 매직링에 한길긴뜨기 12, 맨 처음 한길긴뜨기에 빼뜨기 [12] (사진 16)

원형 2단 사슬뜨기 3(한길긴뜨기로 친다), 같은 코에 한길긴뜨기, 다음 11코에 한길긴뜨기 2, 맨 처음 사슬뜨기 3의 세 번째 사슬코에 빼뜨기 [24] (사진 17)

원형 3단 사슬뜨기 3(한길긴뜨기로 친다), 다음 코에 한길긴뜨기 2, (다음 코에 한길긴뜨기, 다음 코에 한길긴뜨기 2) 11번 반복, 맨 처음 사슬뜨기 3의 세 번째 코 뒤 반 코에만 빼뜨기 [36] 실 정리하기

원형 4단 {이 단의 모든 코는 뒤 반 코에만 떠주세요. 다음 코의 뒤 반 코에 빼뜨기로 실 B 연결} 사슬뜨기 3(한길긴뜨기로 친다), 다음 코에 한길긴뜨기, 다음 코에 한길긴뜨기 2, (다음 2코에 한길긴뜨기, 다음 코에 한길긴뜨기 2) 11번 반복, 맨 처음 사슬뜨기 3의 세 번째 사슬코에 빼뜨기 [48] (사진 18 - 19)

원형 5단 {한 코 전체에 계속해서 떠주세요} 사슬뜨기 3(한길긴뜨기로 친다), 같은 코에 한길긴뜨기, 다음 3코에 한길긴뜨기, (다음 코에 한길긴뜨기 2, 다음 3코에 한길긴뜨기) 11번 반복, 맨 처음 사슬뜨기 3의 세 번째 사슬코에 빼뜨기 [60] (사진 20)

원형 6단 사슬뜨기 3(한길긴뜨기로 친다), 다음 3코에 한길긴뜨기, 다음 코에 한길긴뜨기 2, (다음 4코에 한길긴뜨기, 다음 코에 한길긴뜨기 2) 11번 반복, 맨 처음 사슬뜨기 3의 세 번째 사슬코에 빼뜨기 [72] 실 정리하기 (사진 21)

원형 7단 {이 단의 모든 코는 뒤 반 코에만 떠주세요. 다음 코의 뒤 반 코에 빼뜨기로 실 C 연결} 사슬뜨기 3(한길긴뜨기로 친다), 같은 코에 한길긴뜨기, 다음 5코에 한길긴뜨기, (다음 코에 한길긴뜨기 2, 다음 5코에 한길긴뜨기) 11번 반복, 맨 처음 한길긴뜨기에 빼뜨기 [84] (사진 22)

원형 8단 {한 코 전체에 계속해서 떠주세요} 사슬뜨기 3(한길긴뜨기로 친다), 다음 2코에 한길긴뜨기, 다음 코에 한길긴뜨기 2, 다음 3코에 한길긴뜨기, (다음 3코에 한길긴뜨기, 다음 코에 한길긴뜨기 2, 다음 3코에 한길긴뜨기) 11번 반복, 처음 사슬뜨기 3의 세 번째 사슬코에 빼뜨기 [96] (사진 23)

원형 9단 사슬뜨기 3(한길긴뜨기로 친다), 다음 6코에 한길긴뜨기, 다음 코에 한길긴뜨기 2, (다음 7코에 한길긴뜨기, 다음 코에 한길긴뜨기 2) 11번 반복, 맨 처음 사슬뜨기 3의 세 번째 사슬코에 빼뜨기 [108] 실 정리하기 (사진 24)

원형 10단 {이 단의 모든 코는 뒤 반 코에만 떠주세요. 아무 코의 뒤 반 코에 빼뜨기로 실 A 연결} 모든 코를 돌아가며 짧은뜨기 [108] (사진 25)

원형 11단 {한 코 전체에 계속해서 떠주세요} (사슬뜨기 4, 2코 건너뛰기, 다음 코에 빼뜨기) 36번 반복 [사슬코 아래 구멍 36개, 빼뜨기 36개] (사진 26 - 27)

원형 12단 다음 사슬코 아래 구멍에 빼뜨기, 사슬뜨기 3(한길긴뜨기로 친다), 같은 구멍에 한길긴뜨기 9, 다음 사슬코 아래 구멍에 빼뜨기, (다음 사슬코 아래 구멍에 한길긴뜨기 10, 다음 사슬코 아래 구멍에 빼뜨기) 17번 반복, 처음 사슬뜨기 3의 세 번째 사슬코에 빼뜨기 [꽃잎 18개] 실을 정리하고 숨겨주세요(사진 28 - 30).

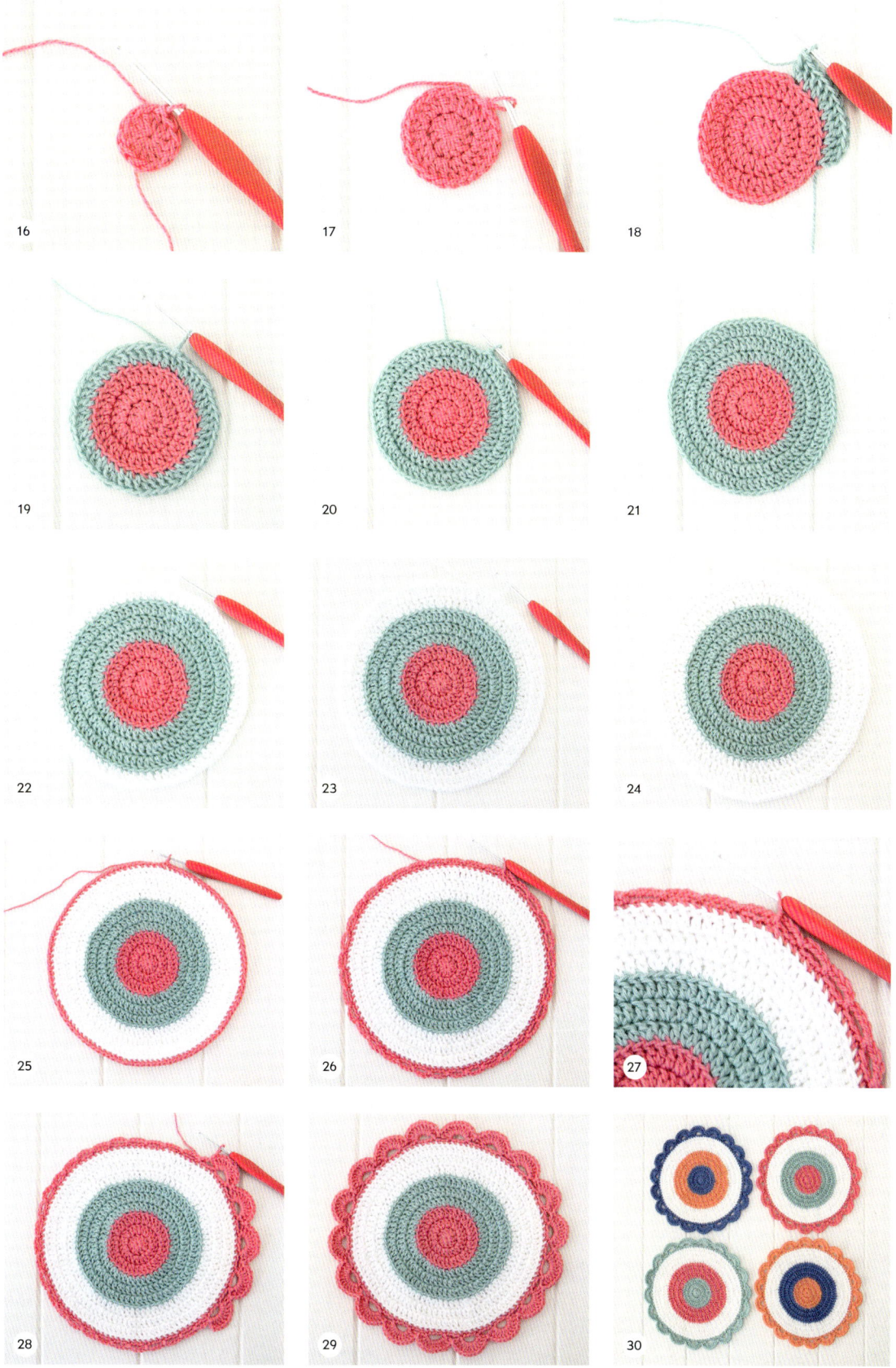

스파이크뜨기로 만든 그래니 블랭킷

가을은 정말 일 년 중 제가 가장 좋아하는 시간이에요. 우리는 여름의 타는 듯한 더위에 작별을 고하고, 날은 점점 시원해지며, 나무들은 단풍이 물들고 낙엽이 쌓여가면서 빛나고 따뜻한 여러 색을 내보인답니다. 가을의 색들에 영감을 받은 이번 작품에서는 한길긴뜨기를 반복해 구슬 모양을 만들고, 앞걸어 두길긴뜨기 기법으로 여러 색으로 이어진 세로줄을 만들어주었어요. 굵은 실로 만들어서 블랭킷이 금방금방 커진답니다. 자신도 모르는 사이에 하얗고 복슬복슬한 폼폼을 달며 마무리하고 있을 거예요!

준비해주세요

극태사 아크릴사

(Paintbox Simply Chunky 100g):

- 실 A - 10 × 황백색 (샴페인 화이트 - 302)
- 실 B - 5 × 복숭아색 (피치 오렌지 - 354)
- 실 C - 5 × 연분홍색 (버블껌 핑크 - 350)
- 실 D - 5 × 진분홍색 (립스틱 핑크 - 351)

코바늘 사이즈 6mm / J-10
돗바늘
가위
큰 사이즈의 폼폼 메이커

난이도

**

사이즈

125×180cm
혹은 원하는 사이즈대로

패턴에서의 주의점

1-3단을 완성한 다음, 4단과 5단을 마지막 단 앞까지 반복해주세요. 색은 일정한 간격으로 바꾸어주는데, 처음과 끝부분만 13단이며 나머지 부분들은 12단으로 이루어져 있습니다. 그러므로 부분마다 6번의 앞걸어 두길긴뜨기로 세로줄이 만들어집니다. 네 가지 색들은 각각 3번씩 반복됩니다.

특별한 기법

스파이크 한길긴뜨기 (18페이지)
앞걸어 두길긴뜨기 (22페이지)

블랭킷

1단 {실 A로 시작} 사슬뜨기 136, 코바늘에서 4번째 사슬코에 한길긴뜨기 2(한길긴뜨기 3으로 친다), (사슬뜨기 1, 3코 건너뛰기, 다음 코에 한길긴뜨기 3) 33번 반복 [구슬 모양 34개] (사진 1-3)

2단 {계속해서 실 A} 편물을 뒤집고, 사슬뜨기 4(한길긴뜨기 1+사슬뜨기 1로 친다), (다음 사슬코 아래 구멍에 한길긴뜨기+스파이크 한길긴뜨기+한길긴뜨기, 사슬뜨기 1) 33번 반복, 한길긴뜨기 2코 건너뛰기, 이전 단의 마지막 한길긴뜨기 코에 한길긴뜨기 (사진 4-7)

주의 2단에서의 스파이크 한길긴뜨기는 기초단에서 3코 건너뛰기 부분 중, 가운데 사슬코에 떠주면 됩니다. 이 단 이후로 모든 스파이크 한길긴뜨기는 2단 아래의 한길긴뜨기(스파이크 한길긴뜨기이거나 일반 한길긴뜨기) 코에 떠주면 됩니다.

3단 {계속해서 실 A} 편물을 뒤집고, 사슬뜨기 3(한길긴뜨기로 친다), 1단의 한길긴뜨기 3코 구슬뜨기 중 가운데 한길긴뜨기에 앞걸어 두길긴뜨기, 다음 사슬코 아래 구멍에 한길긴뜨기, 다음 2개 사슬코 아래 구멍에 사슬뜨기 1+한길긴뜨기+스파이크 한길긴뜨기+한길긴뜨기, (사슬뜨기 1, 다음 사슬코 아래 구멍에 한길긴뜨기+앞걸어 두길긴뜨기+한길긴뜨기, 다음 2개 사슬코 아래 구멍에 사슬뜨기 1+한길긴뜨기+스파이크 한길긴뜨기+한길긴뜨기) 10번 반복, 다음 4개 사슬코 아래 구멍에 사슬뜨기 1+한길긴뜨기+앞걸어 두길긴뜨기+한길긴뜨기 (사진 8-13)

주의 3단에서는 앞걸어 두길긴뜨기를 1단의 가운데 한길긴뜨기에 떠주세요. 이 단 이후로 모든 앞걸어 두길긴뜨기는 2단 아래 동일한 위치의 앞걸어 두길긴뜨기에 떠주세요.

4단 {계속해서 실 A} 사슬뜨기 4(한길긴뜨기 1+사슬뜨기 1로 친다), (다음 사슬뜨기 구멍에 한길긴뜨기+스파이크 한길긴뜨기+한길긴뜨기, 사슬뜨기 1) 33번 반복, 한길긴뜨기 2코 건너뛰기, 이전 단의 마지막 한길긴뜨기 코에 한길긴뜨기

5단 {계속해서 실 A} 편물을 뒤집고, 사슬뜨기 3(첫 번째 한길긴뜨기로 친다), 2단 아래 앞걸어 두길긴뜨기에 앞걸어 두길긴뜨기, 다음 사슬코 아래 구멍에 한길긴뜨기, 다음 2개 사슬코 아래 구멍에 사슬뜨기 1+한길긴뜨기+스파이크 한길긴뜨기+한길긴뜨기, (다음 사슬코 아래 구멍에 사슬뜨기 1+한길긴뜨기+앞걸어 두길긴뜨기+한길긴뜨기, 다음 2개 사슬코 아래 구멍에 사슬뜨기 1+한길긴뜨기+스파이크 한길긴뜨기+한길긴뜨기) 10번 반복, 다음 사슬코 4개 구멍에 사슬뜨기 1+한길긴뜨기+앞걸어 두길긴뜨기+한길긴뜨기 (사진 14)

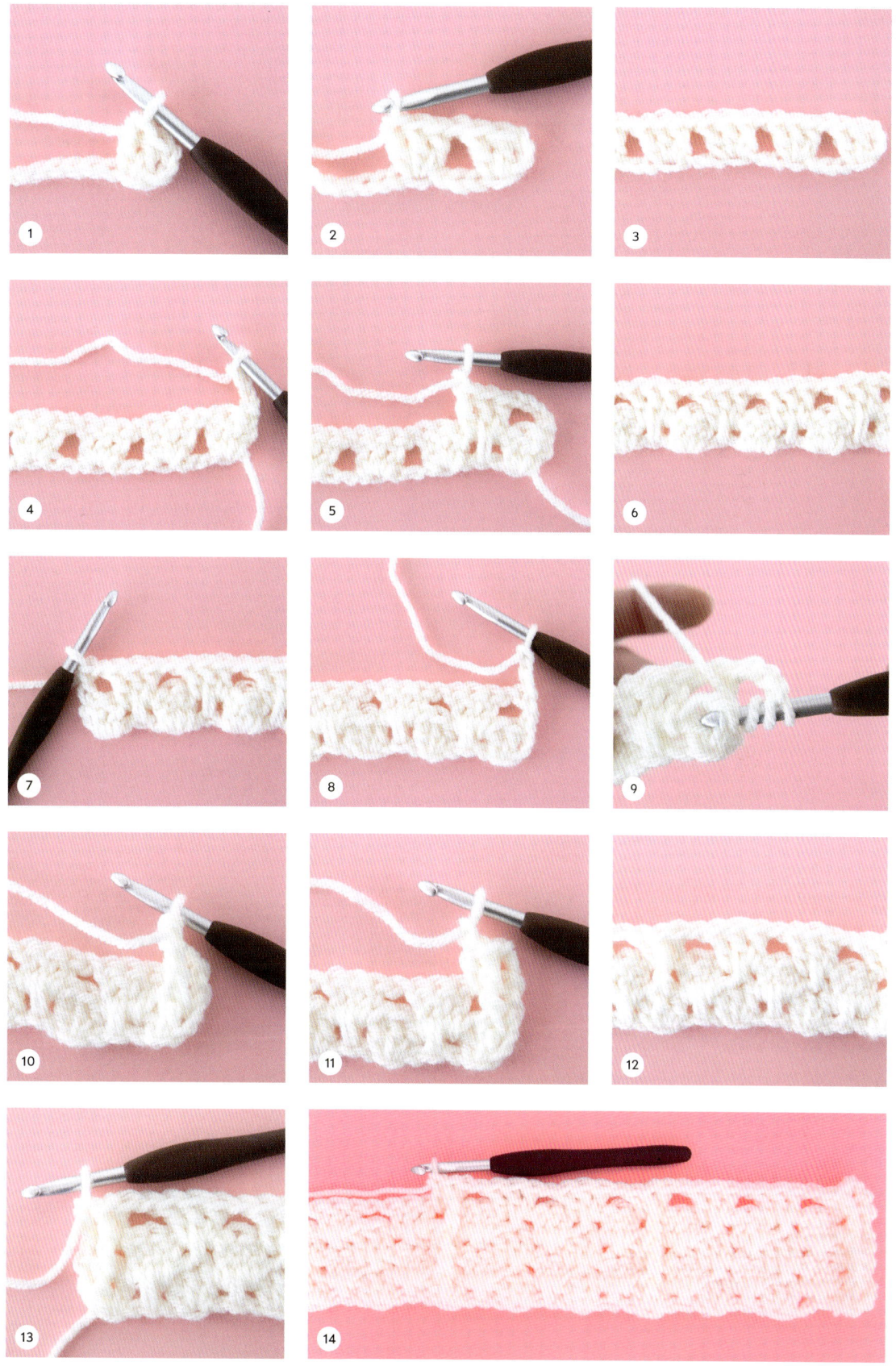

6-13단　{계속해서 실 A} 4-5단 4번 반복
14-25단　{실 A 정리하기, 실 B로 교체} 4-5단 6번 반복
26-37단　{실 B 정리하기, 실 C로 교체} 4-5단 6번 반복
38-49단　{실 C 정리하기, 실 D로 교체} 4-5단 6번 반복
50-61단　{실 D 정리하기, 실 A로 교체} 4-5단 6번 반복
62-73단　{실 A 정리하기, 실 B로 교체} 4-5단 6번 반복
74-85단　{실 B 정리하기, 실 C로 교체} 4-5단 6번 반복
86-97단　{실 C 정리하기, 실 D로 교체} 4-5단 6번 반복
98-109단　{실 D 정리하기, 실 A로 교체} 4-5단 6번 반복
110-121단　{실 A 정리하기, 실 B로 교체} 4-5단 6번 반복
122-133단　{실 B 정리하기, 실 C로 교체} 4-5단 6번 반복
134-146단　{실 C 정리하기, 실 D로 교체} 4-5단 6번 반복

이제 색으로 나뉜 부분마다 6번의 앞걸어 두길긴뜨기로 세로줄이 생겼고, 각각의 색은 세 번씩 반복되었습니다.

마지막 단　{계속해서 실 D} 편물을 뒤집고, 맨 앞 3코에 사슬뜨기 1과 짧은뜨기, (2단 아래 가운데 한길긴뜨기의 코에 스파이크 한길긴뜨기, 다음 3코에 짧은뜨기) 33번 반복 [135] 실을 정리하고 실 끝을 코 사이로 숨겨주세요.

장식하기

남은 실 A로 커다란 폼폼 24개를 만들고, 블랭킷의 상단과 하단에 세로줄의 끝마다 달아주세요.

겨울

북반구
12월 21일부터 3월 20일

남반구
6월 21일부터 9월 20일

에코 러그

저는 원형뜨기를 정말 좋아해요. 그래서 이번에 만들어볼 원형 러그도 제가 아주 좋아하는 디자인이랍니다. 이번 패턴은 굵은 실로 만들었기 때문에, 침대 근처의 바닥처럼 빛이 잘 들지 않는 곳에 두기에 정말 좋은 크기예요. 포근한 욕실 매트로도 아주 좋아요. 겨울에는 발가락이 조금 시리잖아요. 아침에 침대에서 일어났을 때 발밑에 부드러운 러그가 느껴지면 좋을 거예요. 이 패턴은 어떠한 굵기의 실이라도 그에 맞는 코바늘만 있다면 뜰 수 있어서, 같은 디자인으로 러그와 식탁 매트, 정교한 도일리도 만들어볼 수 있답니다.

준비해주세요

극태사 면사
(DMC Natura Just Cotton XL, 100g)
• 6 × 파란색 (07) 또는 분홍색 (40)
코바늘 사이즈 K-10.5 / 6.5mm
돗바늘
가위

난이도

***

사이즈

지름 약 94cm

원형 1단 사슬뜨기 6, 첫 번째 사슬코에 빼뜨기해 원 만들기 [6] (사진 1)

원형 2단 원에 사슬뜨기 2+한길긴뜨기 2코 구슬뜨기(한길긴뜨기 3코 구슬뜨기로 친다), 사슬뜨기 2, (원에 한길긴뜨기 3코 구슬뜨기+사슬뜨기 2) 7번 반복, 맨 처음 한길긴뜨기 3코 구슬뜨기의 코에 빼뜨기 [24] (사진 2)

원형 3단 다음 사슬코 아래 구멍에 빼뜨기, 같은 구멍에 사슬뜨기 4(한길긴뜨기 +사슬뜨기 1로 친다)+한길긴뜨기+사슬뜨기 1, (다음 사슬코 아래 구멍에 한길긴뜨기+사슬뜨기 1+한길긴뜨기+사슬뜨기 1) 7번 반복, 맨 처음 사슬뜨기 4의 세 번째 사슬코에 빼뜨기 [32] (사진 3)

원형 4단 다음 사슬코 아래 구멍에 빼뜨기, 첫 사슬코 아래 구멍에 빼뜨기+사슬뜨기 2+한길긴뜨기 2코 구슬뜨기(한길긴뜨기 3코 구슬뜨기로 친다)+사슬뜨기 2, (다음 사슬코 아래 구멍에 한길긴뜨기 3코 구슬뜨기+사슬뜨기 2) 15번 반복, 맨 처음 한길긴뜨기 3코 구슬뜨기에 빼뜨기 [48] (사진 4)

원형 5단 다음 사슬코 아래 구멍에 빼뜨기, 같은 구멍에 사슬뜨기 4(한길긴뜨기+사슬뜨기 1로 친다)+한길긴뜨기+사슬뜨기 1, (다음 사슬코 아래 구멍에 한길긴뜨기+사슬뜨기 1+한길긴뜨기+사슬뜨기 1) 15번 반복, 맨 처음 사슬뜨기 4의 세 번째 사슬코에 빼뜨기 [64] (사진 5)

원형 6단 다음 사슬코 아래 구멍에 빼뜨기, 같은 구멍에 사슬뜨기 2+한길긴뜨기 2코 구슬뜨기(한길긴뜨기 3코 구슬뜨기로 친다)+사슬뜨기 1, 다음 사슬코 아래 구멍에 한길긴뜨기+사슬뜨기 1, (다음 사슬코 아래 구멍에 한길긴뜨기 3코 구슬뜨기+사슬뜨기 1, 다음 사슬코 아래 구멍에 한길긴뜨기+사슬뜨기 1) 15번 반복, 맨 처음 한길긴뜨기 3코 구슬뜨기에 빼뜨기 [64] (사진 6)

원형 7단 다음 사슬코 아래 구멍에 빼뜨기, 같은 구멍에 사슬뜨기 5(한길긴뜨기+사슬뜨기 2로 친다), (다음 사슬코 아래 구멍에 한길긴뜨기+사슬뜨기 2) 31번 반복, 맨 처음 사슬뜨기 5의 세 번째 사슬코에 빼뜨기 [96] (사진 7)

원형 8단 다음 사슬코 아래 구멍에 빼뜨기, 같은 구멍에 사슬뜨기

5(한길긴뜨기+사슬뜨기 2로 친다)+한길긴뜨기, (다음 사슬코 아래 구멍에 한길긴뜨기+사슬뜨기 2+한길긴뜨기) 31번 반복, 맨 처음 사슬뜨기 5의 세 번째 사슬코에 빼뜨기 [128] (사진 8)

원형 9단 다음 사슬코 아래 구멍에 빼뜨기, 같은 구멍에 사슬뜨기 6(한길긴뜨기+사슬뜨기 3으로 친다), (다음 사슬코 아래 구멍에 한길긴뜨기+사슬뜨기 3) 31번 반복, 맨 처음 사슬뜨기 6의 세 번째 사슬코에 빼뜨기 [128] (사진 9)

원형 10단 다음 사슬코 아래 구멍에 빼뜨기, 같은 구멍에 짧은뜨기 4, 다음 31개의 사슬코 아래 구멍에 짧은뜨기 4, 맨 처음 짧은뜨기 코에 빼뜨기 [128] (사진 10)

원형 11단 다음 3코에 빼뜨기, 짧은뜨기 4 사이 구멍에 사슬뜨기 5(한길긴뜨기+사슬뜨기 2로 친다)+한길긴뜨기+사슬뜨기 1, (짧은뜨기 4 사이 구멍에 한길긴뜨기+사슬뜨기 2+한길긴뜨기+사슬뜨기 1) 31번 반복, 맨 처음 사슬뜨기 5의 세 번째 사슬코에 빼뜨기 [160] (사진 11)

원형 12단 다음 사슬코 아래 구멍에 빼뜨기, 같은 구멍에 사슬뜨기 3(한길긴뜨기로 친다)+한길긴뜨기 2, 다음 사슬 1코 구멍에 한길긴뜨기 2, (다음 사슬 2코 구멍에 한길긴뜨기 3, 다음 사슬 1코 구멍에 한길긴뜨기 2) 31번 반복, 맨 처음 사슬뜨기 3의 세 번째 사슬코에 빼뜨기 [160] (사진 12)

원형 13단 (사슬뜨기 5, 3코 건너뛰기, 다음 코에 빼뜨기) 40번 반복, 맨 처음 사슬뜨기 5의 세 번째 사슬코에 빼뜨기 [240] (사진 13)

원형 14단 (사슬뜨기 6, 다음 사슬코 아래 구멍에 빼뜨기) 40번 반복, 맨 처음 사슬뜨기 6의 세 번째 사슬코에 빼뜨기 [240] (사진 14)

원형 15단 (사슬뜨기 6, 다음 사슬코 아래 구멍에 빼뜨기) 40번 반복 [240] (사진 15)

원형 16단 다음 사슬코 아래 구멍에 빼뜨기, 사슬뜨기 3(한길긴뜨기로 친다), 첫 번째 사슬코 아래 구멍에 한길긴뜨기 2+사슬뜨기 1+한길긴뜨기 3+사슬뜨기 1, 다음 사슬코 아래 구멍에 빼뜨기, 사슬뜨기 1, (다음 사슬코 아래 구멍에 한길긴뜨기 3+사슬뜨기 1+한길긴뜨기 3+사슬뜨기 1, 다음 사슬코 아래 구멍에 빼뜨기, 사슬뜨기 1) 19번 반복, 맨 처음 사슬뜨기 3의 세 번째 사슬코에 빼뜨기 [200] (사진 16)

원형 17단 다음 한길긴뜨기 2에 짧은뜨기, (사슬코 아래 구멍에 빼뜨기, 사슬뜨기 4, 빼뜨기 코 전 사슬코 아래 구멍에 한길긴뜨기, 사슬뜨기 1, 빼뜨기 코 후 사슬코 아래 구멍에 한길긴뜨기, 사슬뜨기 4, 다음 사슬코 아래 구멍에 빼뜨기, 다음 한길긴뜨기 3에 짧은뜨기, 다음 2개의 사슬코 아래 구멍에 짧은뜨기, 다음 한길긴뜨기 3에 짧은뜨기) 9번 반복, 사슬코 아래 구멍에 빼뜨기, 사슬뜨기 4, 빼뜨기 코 전 사슬코 아래 구멍에 한길긴뜨기, 사슬뜨기 1, 빼뜨기 코 후 사슬코 아래 구멍에 한길긴뜨기, 사슬뜨기 4, 다음 사슬코 아래 구멍에 빼뜨기, 다음 한길긴뜨기 3에 짧은뜨기, 다음 2개의 사슬코 아래 구멍에 짧은뜨기, 다음 한길긴뜨기에 짧은뜨기, 맨 처음 짧은뜨기에 빼뜨기 [190] (사진 17)

원형 18단 사슬뜨기 2(긴뜨기로 친다), 다음 코에 한길긴뜨기, (다음 사슬코 아래 구멍에 사슬뜨기 2+한길긴뜨기 3+두길긴뜨기 2, 다음 사슬코 아래 구멍에 두길긴뜨기 2, 다음 사슬코 아래 구멍에 두길긴뜨기 2+한길긴뜨기 3, 다음 사슬코에 사슬뜨기 2+한길긴뜨기, 다음 2코에 긴뜨기, 다음 2코에 짧은뜨기, 다음 2코에 긴뜨기, 다음 코에 한길긴뜨기) 9번 반복, 다음 사슬코 아래 구멍에 사슬뜨기 2+한길긴뜨기 3+두길긴뜨기 2, 다음 사슬코 아래 구멍에 두길긴뜨기 2, 다음 사슬코 아래 구멍에 두길긴뜨기 2+한길긴뜨기 3, 다음 사슬코에 사슬뜨기 2+한길긴뜨기, 다음 2코에 긴뜨기, 다음 2코에 짧은뜨기, 다음 코에 긴뜨기, 맨 처음 긴뜨기에 빼뜨기 [꽃잎 10개] (사진 18)

원형 19단 다음 사슬코 아래 구멍에 빼뜨기, 같은 구멍에 사슬뜨기 4(첫 번째 한길긴뜨기+사슬뜨기 1로 친다)+한길긴뜨기, (다음 12코에 한길긴뜨기, 다음 사슬코 아래 구멍에 한길긴뜨기+사슬뜨기 1+한길긴뜨기, 다음 사슬코 아래 구멍에 사슬뜨기 5+사슬뜨기 1+한길긴뜨기) 9번 반복, 다음 12코에 한길긴뜨기, 다음 사슬코 아래 구멍에 한길긴뜨기+사슬뜨기 1+한길긴뜨기, 사슬뜨기 5, 맨 처음 사슬뜨기 4의 세 번째 사슬코에 빼뜨기 [꽃잎마다 18코] (사진 19)

원형 20단 다음 사슬 1코 아래 구멍에 빼뜨기, 같은 구멍에 사슬뜨기 4(한길긴뜨기+사슬뜨기 1로 친다)+한길긴뜨기+사슬뜨기 1+한길긴뜨기+사슬뜨기 1+한길긴뜨기, (다음 14코에 한길긴뜨기, 다음 사슬 1코 아래 구멍에 한길긴뜨기+사슬뜨기 1+한길긴뜨기+사슬뜨기 1+한길긴뜨기, 다음 사슬 5코 아래 구멍에 빼뜨기, 다음 사슬 1코 아래 구멍에 한길긴뜨기+사슬뜨기 1+한길긴뜨기+사슬뜨기 1+한길긴뜨기) 9번 반복, 다음 14코에 한길긴뜨기, 다음 사슬 1코 아래 구멍에 한길긴뜨기+사슬뜨기 1+한길긴뜨기+사슬뜨기 1+한길긴뜨기, 다음 사슬 5코 아래 구멍에 빼뜨기, 맨 처음 사슬뜨기 4의 세 번째 사슬코에 빼뜨기 [꽃잎마다 24코] (사진 20)

원형 21단 다음 사슬코 아래 구멍에 빼뜨기, 사슬뜨기 3(한길긴뜨기로 친다), (다음 사슬코 아래 구멍에 한길긴뜨기+사슬뜨기 1+한길긴뜨기, 다음 16코에 한길긴뜨기, 다음 사슬코 아래 구멍에 한길긴뜨기+사슬뜨기 1+한길긴뜨기, 다음 사슬코 아래 구멍에 한길긴뜨기, 다음 사슬코 아래 구멍에 한길긴뜨기) 9번 반복, 다음 사슬코 아래 구멍에 한길긴뜨기+사슬뜨기 1+한길긴뜨기, 다음 16코에 한길긴뜨기, 다음 사슬코 아래 구멍에 한길긴뜨기+사슬뜨기 1+한길긴뜨기, 다음 사슬코 아래 구멍에 한길긴뜨기, 맨 처음 사슬뜨기 3의 세 번째 사슬코에 빼뜨기 [꽃잎마다 24코] (사진 21)

원형 22단 다음 3코에 빼뜨기, 사슬뜨기 3(한길긴뜨기로 친다), 다음 17코에 한길긴뜨기, 사슬뜨기 4, 3코 건너뛰기, 이전 단의 한길긴뜨기 두 개 사이에 짧은뜨기, (사슬뜨기 4, 3코 건너뛰기, 다음 18코에 한길긴뜨기, 사슬뜨기 4, 3코 건너뛰기, 이전 단의 한길긴뜨기 두 개 사이에 짧은뜨기) 9번 반복, 사슬뜨기 4, 맨 처음 사슬뜨기 3의 세 번째 사슬코에 빼뜨기 [꽃잎마다 18코] (사진 22)

원형 23단 같은 코에 짧은뜨기, (다음 코에 짧은뜨기, 다음 2코에 긴뜨기, 다음 2코에 한길긴뜨기, 다음 6코에 두길긴뜨기, 한길긴뜨기, 다음 2코에 긴뜨기, 다음 2코에 짧은뜨기, 사슬뜨기 8, 다음 꽃잎의 첫 번째 한길긴뜨기에 짧은뜨기) 9번 반복, 다음 코에 짧은뜨기, 다음 2코에 긴뜨기, 다음 2코에 한길긴뜨기, 다음 6코에

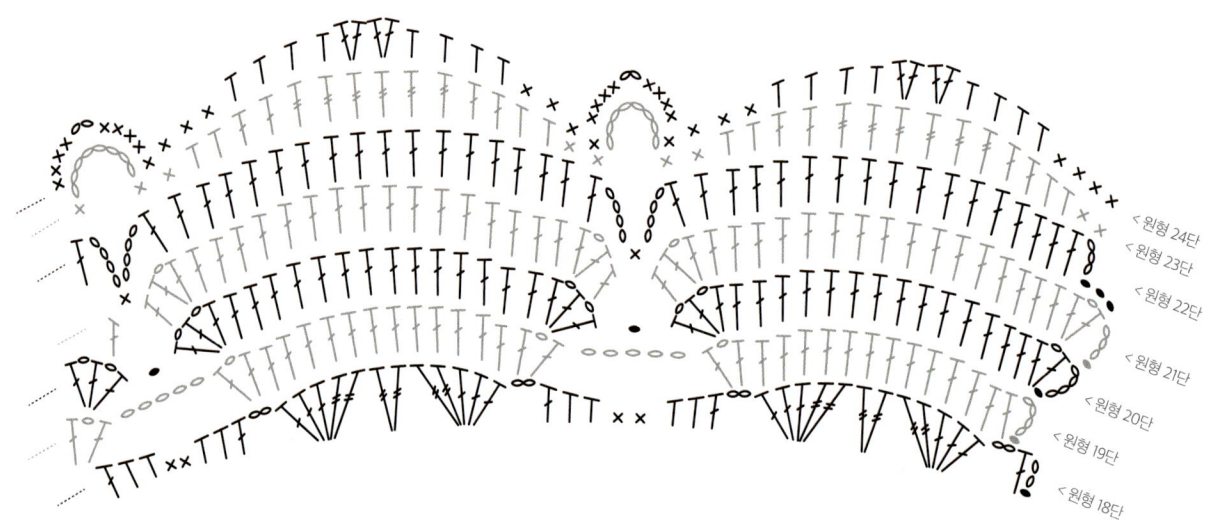

두길긴뜨기, 다음 2코에 한길긴뜨기, 다음 2코에 긴뜨기, 다음 2코에 짧은뜨기, 사슬뜨기 8, 맨 처음 짧은뜨기 코에 빼뜨기 [꽃잎마다 18코] (사진 23)

원형 24단 (다음 4코에 짧은뜨기, 다음 4코에 긴뜨기, 다음 2코에 한길긴뜨기 2, 다음 4코에 긴뜨기, 다음 4코에 짧은뜨기, 다음 사슬코 아래 구멍에 짧은뜨기 4+사슬뜨기 2+짧은뜨기 4) 끝까지 반복, 맨 처음 짧은뜨기 코에 빼뜨기 [꽃잎마다 20코] 실을 정리하고 실끝을 코 사이로 숨겨주세요(사진 24).

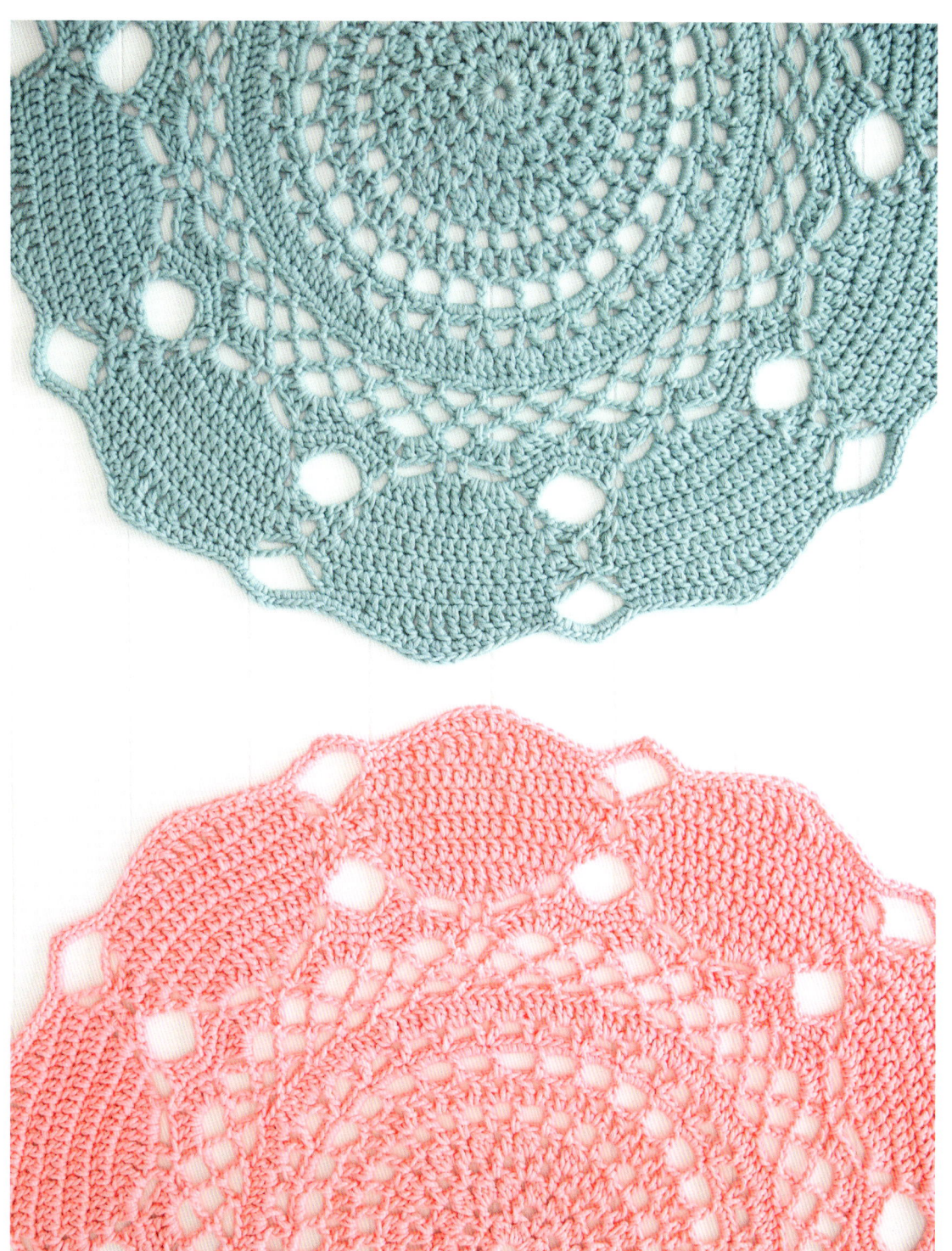

바바리안뜨기로 만든 냄비 손잡이

바바리안뜨기는 콧수를 늘리고 줄여가면서 두길긴뜨기 구슬뜨기로 만드는 기법입니다. 콧수를 줄일 때는 뒤걸어뜨기를 하는 경우도 있는데, 이렇게 뜨면 빽빽하고 질감이 두드러진 바바리안뜨기가 됩니다. 100퍼센트 울은 언제나 냄비 손잡이를 만들기에 최고예요. 두 겹으로 만든 예쁜 손잡이는 뜨거운 열로부터 소중한 피부를 확실히 지켜줄 거예요.

준비해주세요

합태사 / 8ply 모사

(Heirloom Color Works 8 ply 50g):
- 1 × 분홍색 (딥핑크 - 429)
- 1 × 흰색 (화이트 - 486)
- 1 × 초록색 (그래스 - 448)

코바늘 사이즈 E-4 / 3.5mm

가위

돗바늘

난이도

***

사이즈

약 16 × 16cm

패턴에서의 주의점

바바리안뜨기는 두길긴뜨기 구슬뜨기로 만들어집니다. 한 코 모두에 뜨거나 뒤걸어뜨기로 떠주세요. 이번에 만들어볼 냄비 손잡이는 똑같은 두 장을 만든 다음 겉면이 밖을 보도록 서로 겹쳐서 만들어줄 거예요. 그러면 뜨거움으로부터 손을 안전하게 지켜줄 완벽하게 두꺼운 냄비 손잡이가 된답니다.

특별한 기법

두길긴뜨기 4코 구슬뜨기 (20페이지)

뒤걸어 두길긴뜨기 4코 모아뜨기 (22페이지)

뒤걸어 두길긴뜨기 8코 모아뜨기 (26페이지)

냄비 손잡이

냄비 손잡이 1
- 실 A - 분홍색
- 실 B - 흰색
- 실 C - 초록색

냄비 손잡이 2
- 실 A - 초록색
- 실 B - 흰색
- 실 C - 분홍색

한 면 (각 냄비 손잡이마다 2개 만들기)

원형 1단 {실 A로 시작} 사슬뜨기 5, 첫 사슬코에 빼뜨기해 원 만들기, (사슬뜨기 4, 두길긴뜨기 4코 구슬뜨기, 사슬뜨기 5, 원에 빼뜨기) 4번 반복 (사진 1-5)

원형 2단 (사슬뜨기 2, 이전 단의 두길긴뜨기 4코 구슬뜨기 코에 두길긴뜨기 12, 사슬뜨기 2, 이전 단의 빼뜨기 코에 빼뜨기) 4번 반복. 실 정리하기 (사진 6-8)

원형 3단 {꽃잎의 4번째와 5번째 코 사이에 빼뜨기로 실 B 연결} (사슬뜨기 4, 뒤걸어 두길긴뜨기 4코 모아뜨기, 사슬뜨기 5, 지금 꽃잎의 8번째와 9번째 코 사이에 빼뜨기, 사슬뜨기 4, 뒤걸어 두길긴뜨기 8코 모아뜨기, 사슬뜨기 5, 다음 꽃잎의 4번째와 5번째 코 사이에 빼뜨기) 4번 반복 (사진 9-23)

원형 4단 (사슬뜨기 2, 이전 단의 두길긴뜨기 4코 모아뜨기 코에 두길긴뜨기 12, 사슬뜨기 2, 이전 단의 빼뜨기 코에 빼뜨기, 사슬뜨기 2, 이전 단의 두길긴뜨기 8코 모아뜨기 코에 두길긴뜨기 8, 사슬뜨기 2, 이전 단의 빼뜨기 코에 빼뜨기) 4번 반복. 실 정리하기 (사진 24-26)

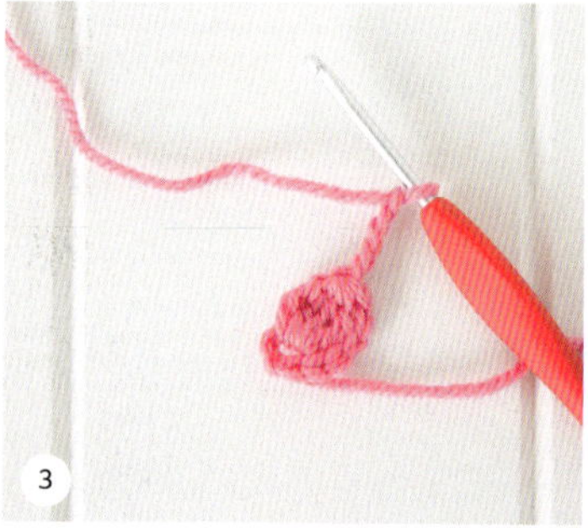

원형 5단 {모서리의 4번째와 5번째 코 사이에 빼뜨기로 실 C 연결} (사슬뜨기 4, 뒤걸어 두길긴뜨기 4코 모아뜨기, 사슬뜨기 5, 지금 꽃잎의 8번째와 9번째 코 사이에 빼뜨기, 사슬뜨기 4, 뒤걸어 두길긴뜨기 8코 모아뜨기, 사슬뜨기 5, 지금 꽃잎의 4번째와 5번째 코 사이에 빼뜨기, 사슬뜨기 4, 뒤걸어 두길긴뜨기 8코 모아뜨기, 사슬뜨기 5, 다음 꽃잎의 4번째와 5번째 코 사이에 빼뜨기) 4번 반복 (사진 27-30).

원형 6단 (사슬뜨기 2, 이전 단의 두길긴뜨기 4코 모아뜨기 코에 두길긴뜨기 12, 사슬뜨기 2, 이전 단의 빼뜨기 코에 빼뜨기, 사슬뜨기 2, 이전 단의 두길긴뜨기 8코 모아뜨기 코에 두길긴뜨기 8, 사슬뜨기 2, 이전 단의 빼뜨기 코에 빼뜨기, 사슬뜨기 2, 이전 단의 두길긴뜨기 8코 모아뜨기 코에 두길긴뜨기 8, 사슬뜨기 2, 이전 단의 빼뜨기 코에 빼뜨기) 4번 반복. 실을 정리하고 실 끝을 코 사이로 숨겨주세요 (사진 31-32).

2개의 면을 연결하기

한 면과 다른 한 면을 서로 뒷면이 맞닿도록 놓아주세요. 반드시 끝이 잘 맞도록 주의해주세요. 한 면의 아무 두길긴뜨기 코와 다른 면의 같은 위치의 코에 실 C를 넣어주세요. 두길긴뜨기 코마다 짧은뜨기를 해 두 면을 연결해주세요 (사진 33-36). 모서리 3군데에서는 두길긴뜨기 6번째와 7번째 코 사이에 사슬뜨기 3을 추가해 약간의 무늬를 더 해주세요 (사진 37-38). 4번째 모서리에서는 두길긴뜨기 5번째와 8번째 코 사이에 사슬뜨기 6을 추가하고, 두길긴뜨기 6번째와 7번째 코는 건너뜁니다. 이렇게 뜨면 냄비 손잡이를 걸 수 있는 고리가 만들어집니다. 실을 정리해주세요 (사진 39).

겉면에 빼뜨기로 장식하기

아무 두길긴뜨기 두 코 사이에 앞에서 뒤로 코바늘을 넣어주세요. 실 B를 걸고 냄비 손잡이의 앞으로 당긴 후, 다음 두길긴뜨기 두 코 사이에 코바늘을 넣고(뒤까지 넣어주세요), 실을 걸고 고리에 통과시켜주세요 (사진 40-44). 계속해서 대비되는 색의 실로 빼뜨기를 떠서 장식 스티치를 만들어주세요 (사진 45). 실을 정리해주세요.

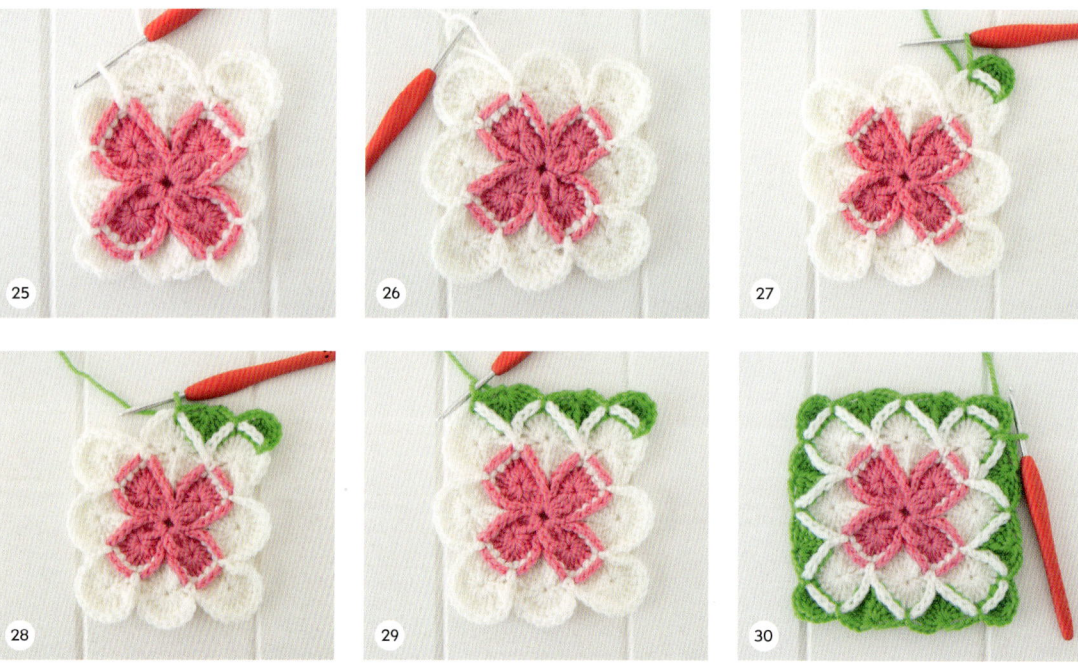

C2C 기법으로 뜬 하트 블랭킷

겨울은 껴안고 있기에 좋은 계절이에요! 사랑하는 사람과 함께할 때 멋지고 부드러운, 꼭 껴안고 싶은 하트 무늬의 블랭킷보다 더 좋은 게 어디 있겠어요. 꽁꽁 언 아침이나 쌀쌀한 저녁의 난롯가에서 이 블랭킷은 여러분들을 포근하게 감싸줄 거예요. C2C(Corner to Corner) 기법과 극태사를 이용해 단시간 내에 쉽게 만들 수 있답니다. 분명 금방 따뜻해질 거예요.

준비해주세요

극태사 / 14ply
(Panda Soft Cotton Chunky 100g):
- 5×흰색 (03)
- 15×민트색 (01)

코바늘 사이즈 N-15 / 10mm
돗바늘

난이도

★★

사이즈

135×135cm

패턴에서의 주의점

C2C 뜨기는 한길긴뜨기 4개로 된 블록으로 이루어지는데, 첫 번째 한길긴뜨기는 사슬뜨기 3코로 만들어주세요. 패턴 설명 부분에 기재된 C2C 기법으로 뜨는 방법을 따라서 떠주세요. 블랭킷을 뜨기 전에 사이즈가 작은 스와치로 연습해보는 것도 좋은 방법이에요.

C2C 기법으로 뜨기

1단 (앞면) 사슬뜨기 6, 코바늘에서 4번째 코에 한길긴뜨기 1(건너뛴 3코는 한길긴뜨기 1로 친다), 다음 2코에 한길긴뜨기 1 [블록 1개]
(사진 1-3)

2단 (뒷면) 편물을 뒤집고, 사슬뜨기 6, 코바늘에서 4번째 코에 한길긴뜨기 1(건너뛴 3코는 한길긴뜨기 1로 친다), 다음 2코에 한길긴뜨기 1, 이전 단의 사슬코 아래 구멍에 빼뜨기, 사슬뜨기 3(한길긴뜨기 1로 친다), 이전 단의 사슬코 아래 구멍에 한길긴뜨기 3 [블록 2개]
(사진 4-11)

3단 (앞면) 편물을 뒤집고, 사슬뜨기 6, 코바늘에서 4번째 코에 한길긴뜨기 1(건너뛴 3코는 한길긴뜨기 1로 친다), 다음 2코에 한길긴뜨기 1, (이전 단의 사슬코 아래 구멍에 빼뜨기, 사슬뜨기 3(한길긴뜨기 1로 친다), 이전 단의 사슬코 아래 구멍에 한길긴뜨기 3) 2번 반복 [블록 3개] (사진 12-21)

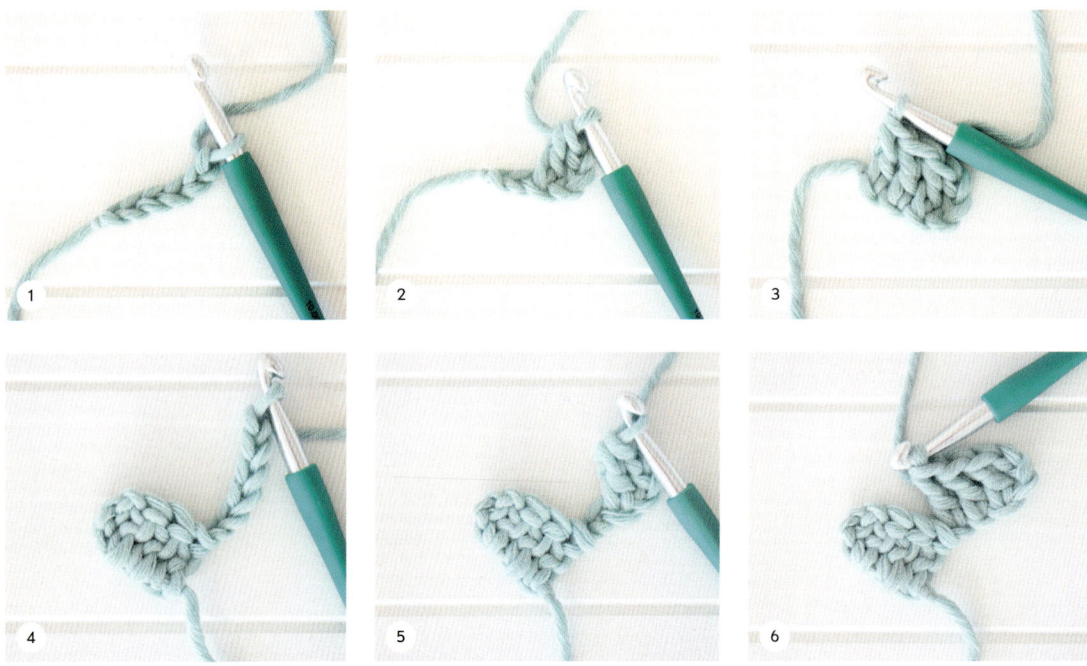

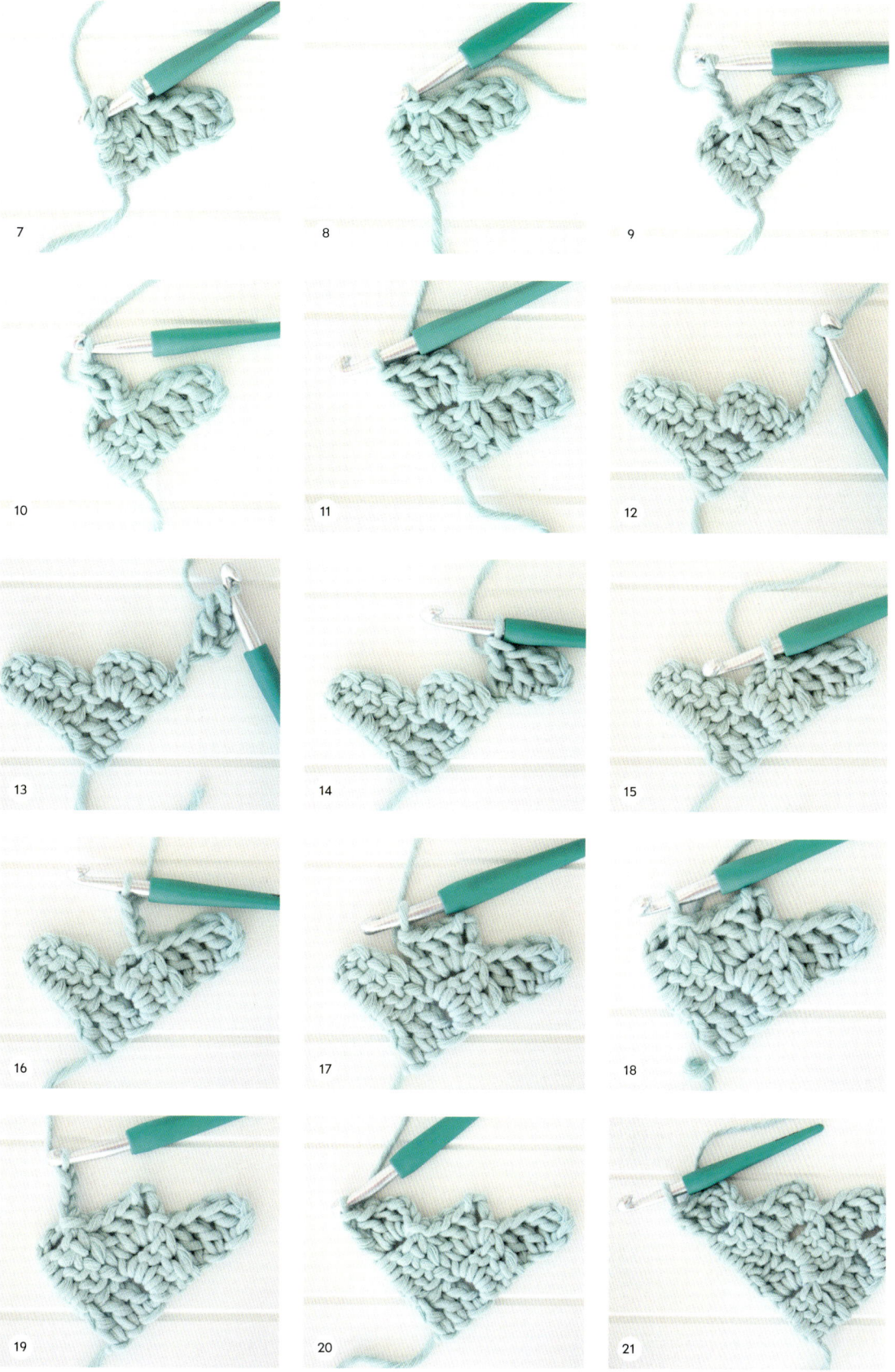

단을 늘려가기   3단에서처럼 반복해서 단에서 필요한 만큼 블록을 떠주세요. 단마다 블록의 수를 1개씩 늘려갑니다. 원하는 폭만큼 뜰 때까지 계속해서 이러한 방법으로 뜬 다음, 줄이기를 시작합니다. 이번 블랭킷에서는 1단에서 35단까지 늘려주세요.

단을 줄여가기   원하는 폭만큼 뜬 다음, 편물을 뒤집고, 맨 앞의 한길긴뜨기 3코와 첫 번째 사슬코 아래 구멍에 각각 빼뜨기하고, 사슬뜨기 3코, 같은 구멍에 한길긴뜨기 3코를 뜬 다음 계속해서 원래대로 블록을 만들어주면 됩니다(사진 22-27). 36단에서 69단은 줄여가는 단으로, 각 단의 시작을 이러한 방법으로 떠야 합니다.

색깔 바꾸기

26단에서 색 바꾸기를 시작합니다. 하트 무늬가 시작되는 곳입니다. 민트색으로 블록 8개를 만든 다음, 흰색 실로 바꿔주세요. 실을 교체하는 방법은, 민트색 실로 마지막 한길긴뜨기를 원래대로 뜨고, 민트색 실의 고리를 당겨주고, 흰색 실을 걸어서 민트색 실 고리에 통과시켜준 다음 단단히 당겨주세요. 이제 민트색 실은 내려두세요(자르지 마세요). 흰색 실로 사슬코 아래 구멍에 빼뜨기하고, 흰색 실로 블록을 10개 만들어준 다음, 흰색 실은 내려두세요(자르지 마세요). 같은 방법으로 민트색의 새로운 타래를 연결하고, 연결한 새로운 민트색 타래로 단을 완성해주세요[블록 8개](사진 28-30). 이제 편물에는 3개의 타래가 연결되어 있을 거예요. 이 타래들은 뜨는 동안 계속해서 연결되어 있어야 하므로, 각각의 타래가 소진되면 새로운 타래를 이어주세요. 색을 바꿀 때 실을 자를 필요가 없답니다. 계속 연결해놓은 상태에서 필요할 때마다 들고 뜨기만 하면 됩니다.

주의   이전 단에서 내려두었던 색의 실을 들었을 때, 실이 필요한 곳에 자연스럽게 떨어지지 않는 경우가 간혹 있습니다. 그럴 때는 실이 제자리에 올 수 있도록 블록의 옆면에 빼뜨기를 해주세요.

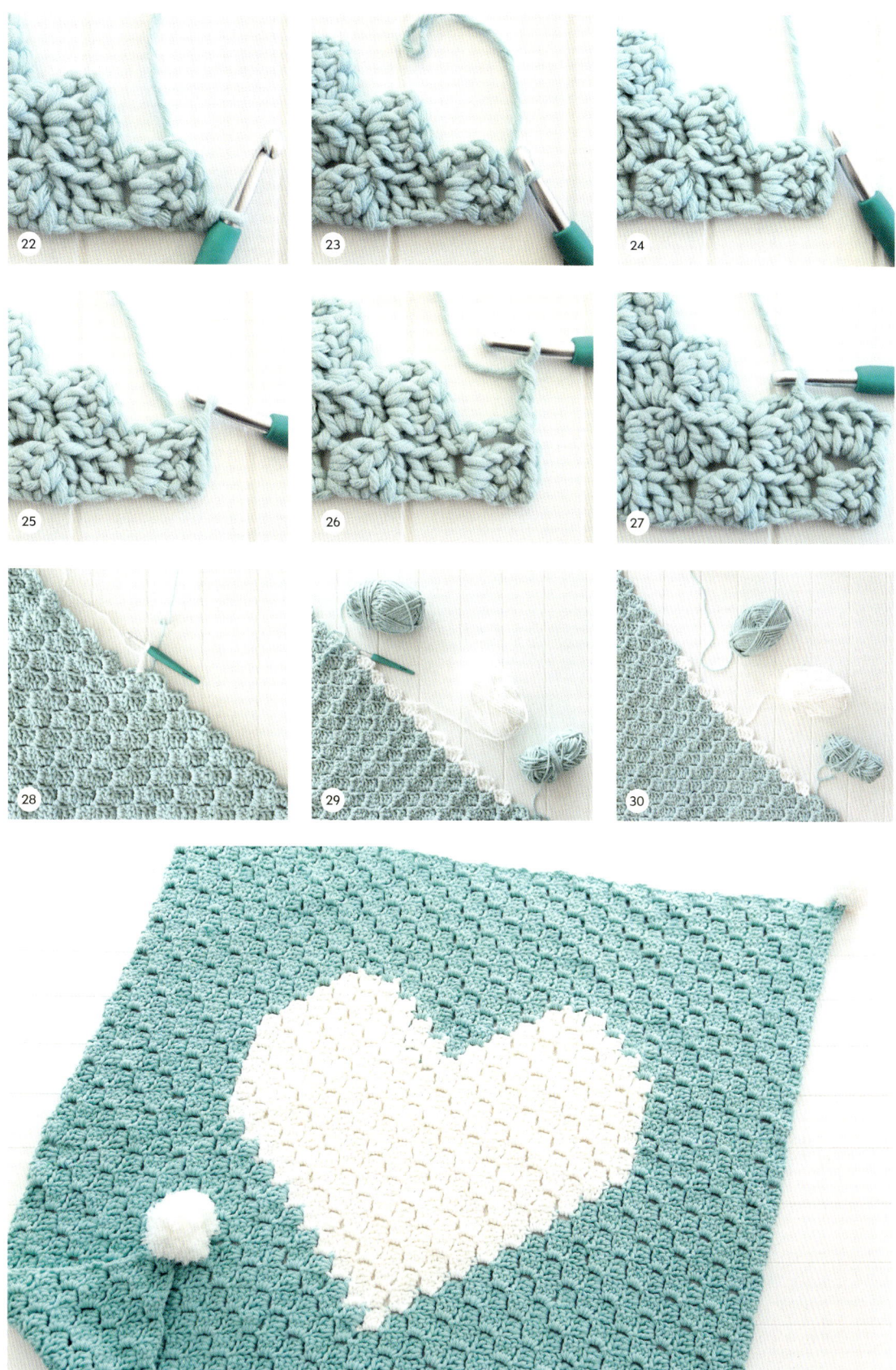

블랭킷 만들기

1-25단 {민트색 실로 시작, 매듭 만들기} 25단까지 C2C 기법으로 뜹니다. 단마다 블록을 1개씩 늘려주세요. 25단에는 민트색 블록이 25개가 됩니다.

26단 (뒷면) 민트색 실로 블록 8개 만들기, 8번째 블록의 마지막 한 길긴뜨기 코에 흰색 실 연결하기, 민트색 실 내려두기(자르지 않음), 흰색 실로 다음 사슬코 아래 구멍에 빼뜨기. 흰색 실로 블록 10개 만들기. 흰색 실을 내려두고(자르지 않음), 민트색 실 새로운 타래 연결하기. 연결한 새로운 민트색 실타래로 블록 8개 만들어 단 완성하기. 편물에 실 3타래 달려 있음 [블록 26개]

27단 (앞면) 민트색 실로 블록 8개 만들기, 흰색 실로 교체, 흰색 실로 블록 10개 만들기, 민트색 실로 교체, 민트색 실로 블록 9개 만들어서 단 완성하기 [블록 27개]

28단 (뒷면) 민트색 실로 블록 9개 만들기, 흰색 실로 교체, 흰색 실로 블록 11개 만들기, 민트색 실로 교체, 민트색 실로 블록 8개 만들어서 단 완성하기 [블록 28개]

29단 (앞면) 민트색 실로 블록 8개 만들기, 흰색 실로 교체, 흰색 실로 블록 11개 만들기, 민트색 실로 교체, 민트색 실로 블록 10개 만들어서 단 완성하기 [블록 29개]

30단 (뒷면) 민트색 실로 블록 10개 만들기, 흰색 실로 교체, 흰색 실로 블록 12개 만들기, 민트색 실로 교체, 민트색 실로 블록 8개 만들어서 단 완성하기 [블록 30개]

31단 (앞면) 민트색 실로 블록 8개 만들기, 흰색 실로 교체, 흰색 실로 블록 12개 만들기, 민트색 실로 교체, 민트색 실로 블록 11개 만들어서 단 완성하기 [블록 31개]

32단 (뒷면) 민트색 실로 블록 11개 만들기, 흰색 실로 교체, 흰색 실로 블록 12개 만들기, 민트색 실로 교체, 민트색 실로 블록 9개 만들어서 단 완성하기 [블록 32개]

33단 (앞면) 민트색 실로 블록 9개 만들기, 흰색 실로 교체, 흰색 실로 블록 12개 만들기, 민트색 실로 교체, 민트색 실로 블록 12개 만들어서 단 완성하기 [블록 33개]

34단 (뒷면) 민트색 실로 블록 12개 만들기, 흰색 실로 교체, 흰색 실로 블록 12개 만들기, 민트색 실로 교체, 민트색 실로 블록 10개 만들어서 단 완성하기 [블록 34개]

35단 (앞면) 민트색 실로 블록 10개 만들기, 흰색 실로 교체, 흰색 실로 블록 12개 만들기, 민트색 실로 교체, 민트색 실로 블록 13개 만들어서 단 완성하기 [블록 35개]

36단 (뒷면) 왼쪽 아래 모서리와 오른쪽 위 모서리에서 단 줄이기를 시작. 편물을 뒤집고, 맨 앞의 한길긴뜨기 3코와 첫 번째 사슬코 아래 구멍에 빼뜨기, 민트색 실로 블록 12개 만들기, 마지막 한길긴뜨기의 마지막 코에 흰색 실 연결하기. 흰색 실로 블록 12개 만들기. 마지막 한길긴뜨기의 마지막 코에 민트색 실 연결, 민트색 실로 블록 10개 만들어서 단 완성하기 [블록 34개]

37단 (앞면) 민트색 실로 블록 9개 만들기, 흰색 실로 교체, 흰색 실로 블록 12개 만들기, 민트색 실로 교체, 민트색 실로 블록 12개 만들어서 단 완성하기 [블록 33개]

38단 (뒷면) 민트색 실로 블록 11개 만들기, 흰색 실로 교체, 흰색 실로 블록 12개 만들기, 민트색 실로 교체, 민트색 실로 블록 9개를 만들어서 단 완성하기 [블록 32개]

39단 (앞면) 민트색 실로 블록 9개 만들기, 흰색 실로 교체, 흰색 실로 블록 11개 만들기, 민트색 실로 교체, 민트색 실로 블록을 11개 만들어서 단 완성하기 [블록 31개]

40단 (뒷면) 민트색 실로 블록 10개 만들기, 흰색 실로 교체, 흰색 실로 블록 7개 만들기, 민트색 실로 교체, 민트색 실로 블록을 13개 만들어서 단 완성하기 [블록 30개]

41단 (앞면) 민트색 실로 블록 12개 만들기, 흰색 실로 교체, 흰색 실로 블록 7개 만들기, 민트색 실로 교체, 민트색 실로 블록 10개 만들어서 단 완성하기 [블록 29개]

42단 (뒷면) 민트색 실로 블록 9개 만들기, 흰색 실로 교체, 흰색 실로 블록 7개 만들기, 민트색 실로 교체, 민트색 실로 블록 12개 만들어서 단 완성하기 [블록 28개]

43단 (앞면) 민트색 실로 블록 11개 만들기, 흰색 실로 교체, 흰색 실로 블록 7개 만들기, 민트색 실로 교체, 민트색 실로 블록 9개를 만들어서 단 완성하기 [블록 27개]

44단 (뒷면) 민트색 실로 블록 8개 만들기, 흰색 실로 교체, 흰색 실로 블록 7개 만들기, 민트색 실로 교체, 민트색 실로 블록 11개 만들어서 단 완성하기 [블록 26개]

45단 (앞면) 민트색 실로 블록 10개 만들기, 흰색 실로 교체, 흰색 실로 블록 7개 만들기, 민트색 실로 교체, 민트색 실로 블록 8개 만들어서 단 완성하기 [블록 25개]

46단 (뒷면) 민트색 실로 블록 8개 만들기, 흰색 실로 교체, 흰색 실로 블록 6개 만들기, 민트색 실로 교체, 민트색 실로 블록 10개 만들어서 단 완성하기 [블록 24개]

47단 (앞면) 민트색 실로 블록 9개 만들기, 흰색 실로 교체, 흰색 실로 블록 6개 만들기, 민트색 실로 교체, 민트색 실로 블록 8개 만들어서 단 완성하기 [블록 23개]

48단 (뒷면) 민트색 실로 블록 8개 만들기, 흰색 실로 교체, 흰색 실로 블록 5개 만들기, 민트색 실로 교체, 민트색 실로 블록 9개 만들어서 단 완성하기 [블록 22개]

49단 (앞면) 민트색 실로 블록 9개 만들기, 흰색 실로 교체, 흰색 실로 블록 4개 만들기, 민트색 실로 교체, 민트색 실로 블록 8개 만들어서 단 완성하기 [블록 21개]

50-69단 계속해서 69단까지 민트색 실로 단 줄여주며 완성해주세요. 빼뜨기로 마무리하고, 실을 자르고 실을 정리합니다. 남아 있는 모든 실 끝을 코 사이로 숨겨주세요.

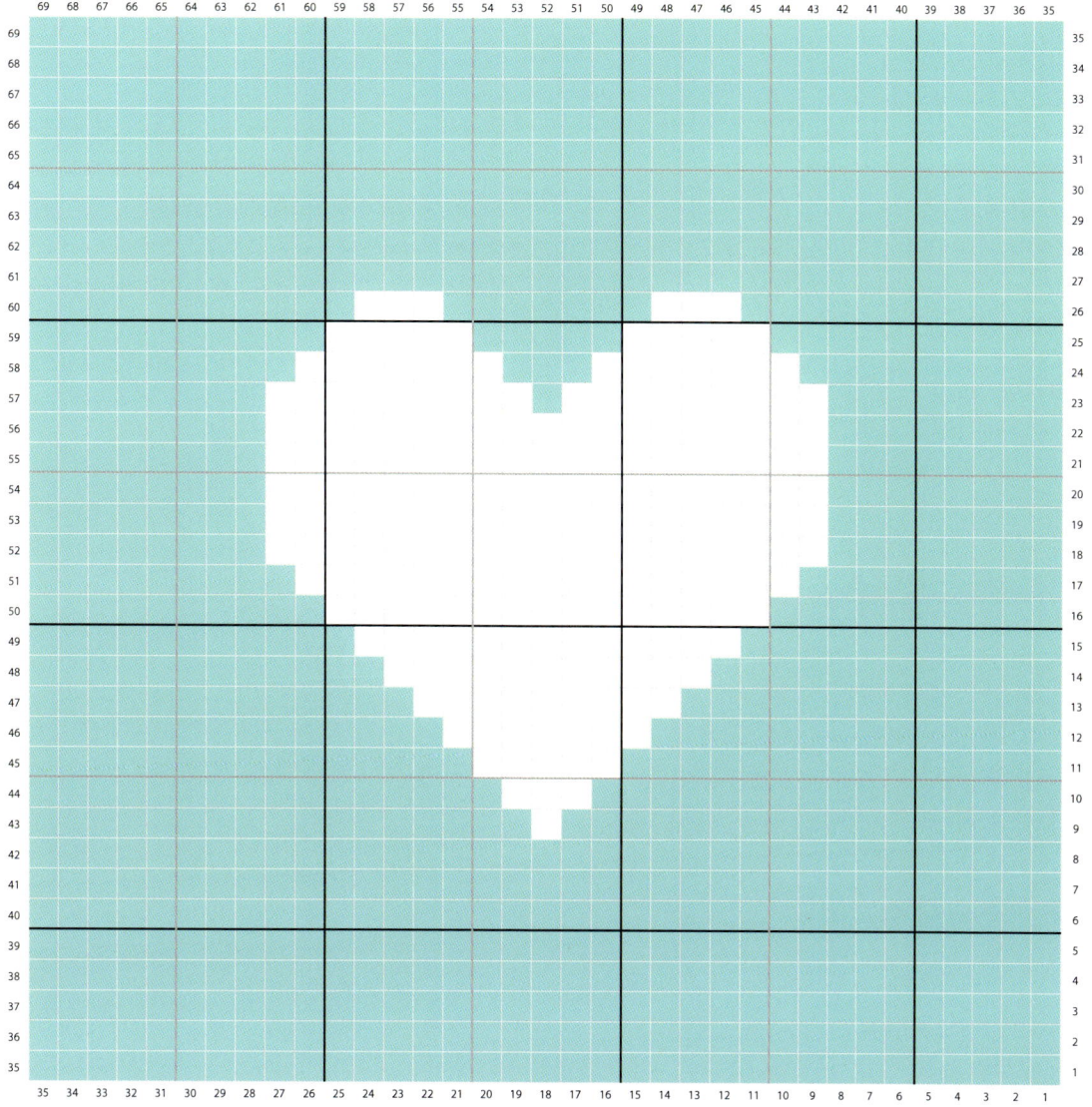

장식하기

모서리마다 하나씩, 4개의 폼폼을 다음과 같이 만들어주세요.

흰색 실을 손에 60회 감아준 후 손에서 빼주세요. 그런 다음 실 한 가닥으로 중앙을 단단히 묶어주세요. 고리를 자르고 깔끔하게 정리한 다음, 블랭킷의 모서리에 폼폼을 달아주세요.

(x) = 괄호 안의 내용을 기재된 횟수만큼 떠주세요.
[x] = 총 콧수

코바늘뜨기 영문 약어

코 = st(stitch)
원형 단 = Rnd(round)
사슬뜨기 = ch(chain)
빼뜨기 = slst(slip stitch)
짧은뜨기 = sc(single crochet)
긴뜨기 = hdc(half double crochet)
한길긴뜨기 = dc(double crochet)
두길긴뜨기 = tr(treble crochet)
스파이크 한길긴뜨기 = spike dc(spiked double crochet)
짧은뜨기 코줄이기 = dec(single crochet decrease)
팝콘뜨기 = pc(popcorn stitch)
팝콘뜨기 시작코 = starting pc(starting popcorn stitch)
앞걸어 한길긴뜨기 = FPdc(front post double crochet)
앞걸어 두길긴뜨기 = FPtr(front post treble crochet)
뒤걸어 한길긴뜨기 = BPdc(back post double crochet)
뒤걸어 두길긴뜨기 = BPtr(back post treble crochet)
한길긴뜨기 2코 구슬뜨기 = dc-2-cluster(2 double crochet cluster stitch)
한길긴뜨기 3코 구슬뜨기 = dc-3-cluster(3 double crochet cluster stitch)
한길긴뜨기 4코 구슬뜨기 = dc-4-cluster(4 double crochet cluster stitch)
두길긴뜨기 4코 구슬뜨기 = tr-4-cluster(4 treble cluster stitch)
뒤걸어 두길긴뜨기 4코 모아뜨기 = BPtr4tog(back post treble 4 stitches together)
뒤걸어 두길긴뜨기 8코 모아뜨기 = BPtr8tog(back post treble 8 stitches together)

코바늘뜨기 기호

⊙	매직링	╪ 두길긴뜨기
○	사슬뜨기	
●	빼뜨기	팝콘뜨기
×	짧은뜨기	구슬뜨기
⊤	긴뜨기	
⊤	한길긴뜨기	뒤걸어 두길긴뜨기
		이랑뜨기(반코뜨기)